翻轉學

翻轉學

練出不怕AI取代的說話本事

跟著林慧老師的說話私塾，
教你開口說出溫度、信任與效率

林慧 著

目錄

目錄

好評推薦

「好好說話，說對話是每一個人一生必學的重要生存技能之一。林慧老師的新書『打造真實且有感的說話本事，開口就比 AI 強』是提供給大家好好說話的一本好書！」

——Dr.Selena 楊倩琳，小資理財教主

「說話人人都會，但要能夠同時說出溫度、信任、與效率就不是件容易的事了。就讓林慧老師帶領我們，一起成為真正的口語表達高手吧！」

——Vito 大叔，圖文作家、人氣 Podcast 主持人、設計人生教練

「林慧是我認識的人裡面最會說話的，得體溫暖沒廢話，又不讓人覺得矯情造作，要不是我長得比較漂亮，知名網紅主持人就會是她惹！」

——宅女小紅，林慧多年摯友

「表達力決定你是誰！林慧老師做出了最佳示範，即使是內向人也能充分展現表達優勢，創造無可取代價值！推薦給所有害怕說話的朋友們，精采實用的內容鍛鍊，讓你一開口也能不怕被ＡＩ取代的說話本事。」

——林依柔，聲音表達優化師

「說話是我們一輩子的事情，林慧老師這本書不但淺顯易懂，還囊括了所有情境，讓你從自我，人際到職場，從傾聽，表達到回應，都能夠一次學會！」

——張忘形，溝通表達培訓師

「林慧老師整合了她多年來的經驗，提供了寶貴的口語表達指導。在ＡＩ生成時代，口語表達是無法取代的必要技能，會寫，更要會說！才能一路暢通！這本書將帶來實用且深具啟發性的內容，幫助他們在各種情境下自信地表達自己。」

——陳怡嘉，金石堂愛書大使、作家、教師

「此書對於不善於口語表達的內向者來說，是不可多得的求生指南！」

——愛瑞克，《內在原力》系列作者、TMBA共同創辦人

「林慧老師擁有數十年教學功力，擅長觀察、因材施教，而AI世代需要的說話力，必須邏輯清晰、思考敏銳，方能精準下達指令，跟著林慧教練激發潛能、善用科技。」

——楊月娥，暢銷作家、資深媒體人

「『說話是技巧重要？還是態度重要？』從小至今有多少次被點名表達的經驗？相較於自己舉手發言是不是很不一樣呢？表達自己所思所想的『觀點』，為自己點燃心中

的『熱情』！有態度就會有膽識，有膽識就會生出力量，獲得多采的價值回饋和承諾（訂單）。」

——熊玉平，艾肯娛樂股份有限公司董事長

「林慧老師不只是一位言辭犀利、條理清晰的演講大師，她的話語總是充滿智慧與洞察力，能夠深刻影響聽眾的心靈。其掌握著豐富詞彙和優雅的表達方式，不僅懂得如何恰到好處地運用語調和節奏，更讓每一次演講都令人難忘。而老師真正厲害的在於：無論面對何種聽眾，都能精確地抓住他們的興趣和需求，展現出無與倫比的溝通藝術。」

——盧世安，人資小週末創辦人

「在網路行銷數據領域，清晰表達觀點至關重要。《練出不怕ＡＩ取代的說話本事》提供了實用方法，使我們在不同場合更具說服力。這本書不僅提升個人能力，也促進行業競爭力。對於所有在網路行銷數據領域工作的業界同行，我由衷地推薦這本書！」

——謝孟瑋，春樹科技&發票怪獸共同創辦人

推薦序
不論內向或外向，都有「會說話」的潛力

——瑪那熊，諮商心理師、溝通表達講師

「瑪那熊，你看起來就很外向活潑，不會懂我們這些內向社恐，跟別人總是聊不起來的心情啦！」多年來的演講與諮詢經驗，我被「質疑」過這件事不下數十次。的確，我在講台上熱情分享、帶領討論的樣子，加上不時穿插生活趣事、旅遊經歷，很容易讓大家覺得是個「嗨咖」。

因此，當我告訴學員在「內外向」光譜上，我其實略偏內向那端時，往往讓許多人感到既驚訝又意外。「教別人表達溝通、關係經營的老師，個性竟然偏內向，這樣不會很沒說服力嗎？」我甚至曾被某位學員直白挑戰，但當下我沒有絲毫不悅，反而露出「哈哈，想不到吧！」的表情。

學員的困惑，其實也是很多人對「內向者」的誤解。我相信多數人一聽到「內向」

這個詞，會快速連結到「宅」、「悶」、「沉默寡言」、「不善言辭」、「生活無趣」之類的負面印象。然而所謂內向、外向，是指我們做事的習慣，以及不做事時恢復能量的方法。內向者面對人事物或工作，喜歡先觀察、蒐集資訊、構思規劃；引用《練出不怕ＡＩ取代的說話本事》書中的說法，內向者具有「豫則立」的特質。這來自《中庸》的語句，是指透過周詳的計畫、按部就班進行，來達成目標。

在任務、工作之外的時間，內向者則喜歡藉由獨處、休息、思考等比較「安靜」的方式，養精蓄銳、「回血」再出發。甚至在人際關係中，《練出不怕ＡＩ取代的說話本事》作者、帶過眾多企業溝通內訓的林慧老師，認為內向者具有善於傾聽、觀察敏銳而懂得閱讀空氣、不亂說話避免失誤等優勢，除了會篩選人際關係外，也具有較明確的人際界線。

不論是我個人背景，或協助眾多學員提升職場、情場中社交能力的經驗，我深刻認為內向或外向並非「溝通表達」的核心因素；是否擅長說話、傾聽提問，能否自信且清楚的表達自己，怎麼與人建立舒適自在的關係等，靠的都是一系列的「人際技能」。而技能可經由學習、練習與經驗值的累積，不斷升級與成長。

我很喜歡林慧老師以她多年教學精華寫成的《練出不怕ＡＩ取代的說話本事》，除**了解析「面對面說話」為什麼如此重要，讓大家了解面對ＡＩ浪潮，口語表達力就是你的重要武器，也針對眾多情境提供溝通策略。**例如在自我介紹時，如何把「負面缺點」逆轉成「正面印象」？又該怎麼展現企圖心，來獲得對方的信任？在職場情境中，當你想否定對方提案時，如何轉換為聽起來悅耳許多的「建議」？要在同事或主管面前簡報時，又能怎麼降低緊張、讓大家秒懂你呈現的內容？書裡還有許多實用豐富的表達技巧，能幫助我們提升等級。更重要的是，**這些內容不走「權謀話術」、「腹黑心機」之類的ＰＵＡ*招式，而是在相互尊重的態度中，讓彼此達成合作與雙贏。**

不論你個性偏內向或外向，都能透過本書學到適合自己的表達技巧，讓自己在需要開口說話時，準確打中核心。內向、外向都是很棒的特質，你絕對有潛力擁有不怕ＡＩ取代的說話本事！

* Pick Up Artist，直譯為「搭訕藝術家」，是源自美國的一套搭訕技巧，最初是讓社交不佳的男性，透過心理學技巧來提升搭訕女性的成功率。隨著時代演進，ＰＵＡ一詞已從說明兩性關係間的操控，演變成利用引誘、鼓勵和責備交互使用的做法，以上對下、操弄及貶低自我認同，慢慢達到控制他人為目的。

前言
AI時代，口語表達更勝以往

AI時代，語言似乎變得更重要了！即便是對AI下指令，如果指令下得不夠精確，連AI也要嘆氣！

你會害怕AI嗎？還是你非常喜愛與AI共存的狀態？

關於AI對人類的威脅，其實有分成兩派：

悲觀學派

代表人物是已故英國天文物理學家史蒂芬・霍金（Stephen Hawking），以及特斯拉創辦人伊隆・馬斯克（Elon Musk）。霍金認為，ＡＩ對人類將來有很大的威脅，主要有以下理由：

- ＡＩ會遵循科技發展的加速度理論。
- ＡＩ可能會有自我改造創新的能力。
- ＡＩ進步的速度遠遠超過人類。
- 人類會有被滅絕的危機。

樂觀學派

代表群體主要是Google、Facebook等ＡＩ的主要技術發展者，他們對ＡＩ持樂觀看法的理由：

- 人類只要關掉電源就能除掉ＡＩ機器人。
- 任何的科技都會有瓶頸，摩爾定律到目前也遇到相當的瓶頸，ＡＩ科技也不會無限成長，依然存在許多難以克服的瓶頸。
- 依目前的研究方向，電腦無法突變、甦醒、產生自我意志，ＡＩ也不可能具有創意與智慧、同情心與審美等這方面的能力。

無倫你是支持哪一種觀點？不可否認，當二〇二二年十一月三十日，OpenAI發布了一個名為ChatGPT的自然語言生成式模型，它以對話方式進行互動開始，ＡＩ就真正直接進入與改變了我們在職場、人際應對上的生活。

面對不斷變革的科技環境，我們需要以新的思維方式去運用語言。畢竟，語言是連結人與人、人與科技的橋梁，透過語言的精確表達，我們能夠更緊密、更有效地溝通，一起解決問題，享受數位地球為人類帶來的便利與不斷創新。

優勢話術是一個武器庫

人之所以強大，其實是要看你的武器庫有多強大。這個武器庫指的不是金錢、真正的槍械彈藥，而是在你身上的優勢盤：你的表達話術！這個優勢是可以跟隨你到天涯海角，需要的時候，隨時馬上就拿得出來。

你的武器庫一直都存在，就像你的法寶隨時護衛著自己。但是我們常常忘記它的存在。武器庫存在於我們長久以來，一直做的工作和人生體驗裡，因為我們不懂得用，也就常常讓這些武器蒙塵。我們不但不懂得怎麼去用，還經常忘記去盤點，更不去把它說出來，久而久之就不會用，也漸漸忘記自己有哪些優勢，這種事情就好像有些老人到處藏錢，最後把錢藏到哪裡都不記得了，有些錢被蛀蟲吃光了自己還不知道，有錢花不了，這不是很冤枉嗎？

每一個人都有一個「優勢話術武器庫」，但卻沒有去盤點，不知道自己有哪些話術優勢，結果遇到事情的時候，就不知道要拿那些話來應對？**優勢話術武器庫就是我們的黃金寶藏，每一個人都有表達韌性，你的表達韌性多強，就來自於你的武器庫有多少法**

寶。**你的優勢話術愈多，你就愈強。**

好比說，我們都有機會跟朋友分享照片，但可能只是隨意秀給朋友看看。如果能講出照片背後的意義，讓朋友一看到照片就能跟自己做連結，就等於是一種反饋。每一次分享照片，其實都是在累計這張照片的價值與分量，加深別人對我們的印象，但大多數人經常忽略這件事情：**分享照片，其實也是分享自我品牌形象！**

我曾經連續兩年幫知名企業界做店長訓練，最令我訝異的是，即使這些店長都已經很傑出了，每個人卻都還是不斷陷入自我懷疑？

「我不知道要怎樣介紹自己？……」我發現這些代表企業的優秀店長，信心指數始終無法提高，而電信業者的門市店長會比房屋業者的門市店長更沒有信心，為什麼？因為房屋業者面對的是高單價客戶，接觸的客群主要都是有經濟實力、能買得起房子的人。而電信業者的客戶想辦手機門號或網絡的普羅大眾。很快我就發現，許多被企業推出來競選的店長並不清楚自己的優勢在哪裡，我必須一一為其找出核心優勢：

例如有個服務區域在南台灣的店長，他不知道要怎樣介紹自己。我說：「你不覺得你很厲害嗎？你告訴我，在這麼偏鄉的地方，你是怎麼做出這樣的成績？」在全台近五百家的電信門市裡，他的店業績衝到前五名。一家門市包含自己也只有三個人，卻可以賣手機零件目標達成率破百直衝一七九%。在這麼人煙稀少的地方，為什麼手機零件賣得比大城市還好？我問他：「你可以告訴我你是怎麼做到的嗎？這麼偏鄉的地方，客群主要是六十歲到八十歲的高齡銀髮族，你是怎麼做到這種成績的？」他把做法說出來，這就是他傑出的原因。

我幫他們每個人立Flag*，**給予他們每個人非常鮮明、振奮人心的優勢話術。我試圖戳破他們自以為的逆勢，他們每個人的信心指標馬上飆升。**因為多數人容易看到自己的缺點，尤其是在職場上，因為習慣不斷求進步，總是更注重自己的不足之處。

有個店長讓我印象很深，他才三十歲，不認為自己有資格角逐傑出店長的選拔。跟他的對話中，我試圖找出他的優勢，他說自己很愛打電話，我就說：「你就是電信業最會打電話的店長，告訴我你有多會打？」他說他曾經一天打一百通的外推電話，一邊要管店，一邊要服務客戶，他的門市是台北市最大的門市，有十五位門市人員，在這樣忙碌的條件下，他還能一天打出一百通外推電話，雖然被拒絕無數次，他還是堅持不斷打電話……他的電話行銷能力成效十分驚人！十個人中至少三成會因為他的殷勤來到店裡了解更優惠的方案。這件事如果不幫他挖掘出來，他就是一點也沒有信心！**是謙虛？還是不夠了解自己？要區別出來。**

有人問我：「這樣會不會讓人覺得老王賣瓜啊？」

不會。因為你做的事情，別人學不來，即便學得來，也做不來。

六年前，我開始當企業講師，我沒有受過任何講師訓練。可是五年前卻被合作單位推薦到台積電授課，而且一教就是三個梯次。一般企管顧問講師，要到這麼國際化企業教這麼多梯次，沒有功力與火候是辦不到的，我如何能夠做到呢？

首先就是立 Flag：為什麼我可以教表達課程？

第一個 Flag：二十年的媒體實戰經驗

我有將近二十年的媒體經驗，我在媒體經驗裡的重要性是：內容、行銷、業務三管

---

* 這裡指已經實現的成果。

齊下。首先，我是負責創建內容的人，我要做出讓大家都覺得好看、有收視、有可讀性、吸收之後有所啟發的內容。等於我是一個內容產出者，我擅長叫好又叫座的內容產出，這就是一個表達邏輯。除了內容產出，我還著重行銷企劃與業務執行，這就叫做表達策略的擬定。

第二個 Flag：口語本科專業

我是說話本科系畢業，我在大學就讀的專業科目就是：口語表達。我不只是科班出身，我還有二十五年的斜槓主持經驗，從大二開始我就擔任主持工作，而第一個雇主就是國際大企業 Intel，非常榮幸的啟始，在正職工作之餘，累積各類型主持經驗至今。

第三個 Flag：我是即席演說四冠王

我從小就參加演說競賽，曾拿下國小、國中、高中、大學台北市國語文競賽即席演說冠軍，贏得「即席演說四冠王」的殊榮。

把自己的旗幟插下去、表現出來，接下來便是我的自信度，我以這樣的優勢說話，聽眾自然願意聽，我教溝通表達課就一點都沒有問題，不但有公信力還有權威性，這就是優勢話術武器庫的力量。

我既非學霸講師，也不是科技領域專家，可是因為我的人設非常清楚，自我角色十分明確，別人認識我的過程就會自動濾掉雜訊，從我給出的資訊中，聽眾已經被我框住且聚焦。所以每個人都要了解自己的「優勢話術」。自己做過哪些事，走過哪些路，要常常盤點。**常常盤點自己的優勢，就能強化自己的定位**。

口語表達對一個人來說非常重要，現在很多自媒體網紅、企業老闆、入學面試甄選都需要口語表達。口才好，更容易被人接納和喜歡。想想看，如果你同時面對兩個人，其中一個人像木頭般不說話，或者一說話就得罪人；另一個人一說話就讓人感覺到氣氛輕鬆、趣味盎然，你更願意跟哪一個人繼續交談下去？當然，一個被人接納和喜歡的人，辦事情就會更加容易。

商業上、人際應對上，想要與人合作，需要口才與說服力。有口才的人會被推選出來向上進行彙報、陳述，為自己服務的團體爭取到更多的機會，因為他們懂得協商、可以讓事情順利進行，能建立彼此友好的合作關係，獲得對方的支持。擁有好的口語表達能力，可以讓我們在工作和生活中擁有更多、更好的優勢。

當然，**口才好不是伶牙俐齒和巧舌如簧，而是要把自己的觀點用更有說服力、有條理邏輯、有價值、有內涵和吸引人的方式表達出來。**

在這本書中，我會一一分享給大家。如果你還不清楚自己的優勢話術在哪裡，看完這本書，相信你能完全掌握。

第 1 章

我是內向人，也是說話私塾教練

掀起生成式人工智慧熱潮的OpenAI執行長奧特曼（Sam Altman）在十九歲讀大二時就被矽谷投資大亨相中，輟學自己開公司，二十六歲就成為矽谷最有影響力的創投家之一。

據說個性內向、靦腆，還有點社交恐懼症的奧特曼，卻能對國會議員侃侃而談，讓他們了解什麼是AI，一位參議員甚至稱讚他是「我遇過最聰明的人」。

01 求學過程的挫折，反而激發自己的潛力

這個社會本身就對表達能力好的人，有比較高的預期。試想：一個說話沒重點的人，你會繼續聽他說下去嗎？一個表達能力不佳的人，你會希望他上台為客戶做簡報嗎？

口才需要功底，得把自己的觀點用有說服力、有條理、有內涵、能吸引人的方式表達出來，這不是伶牙俐齒、舌燦蓮花、巧舌如簧就可以堂而皇之混水摸魚的。口才好，必定有來自於個人的知識學養，知識結構愈完整，口才表達就愈深厚，這絕不是花拳繡腿的枕頭功夫可以蒙騙過關的，口才需要有功底和真功夫。

我國小三年級就嶄露自身的口才優勢，當時我就讀台北市立雙蓮國民小學，這是一所有近百年歷史的學校，學校看見我的潛能，就開始栽培我，想要派我代表學校對外參加演講比賽，我也如預期的為學校奪得冠軍。

創校以來，從來沒有人拿過市校冠軍，我是近百年來的第一位。

從學校得到滿滿的舞台

校長派一位曾經拿下「全國國語文競賽演說教師組冠軍」的王良時老師教我，開始一整個學期的訓練。

我必須配合老師時間去報到。如果老師說：「明天第二堂課來找我。」不管我上什麼課，時間到了我就得去找她。當然，校長都跟老師打過招呼。

老師對我的第一個訓練是：**習慣面對群眾**。

很多人演講會緊張，一站上台如果緊張，腦子會一片空白。每次我去找老師，她在講台上課，講台上也有一個我的座位，這個座位在講台旁邊。我一坐上去，就是面對一個班級至少四十五位的學生。老師先破除我的緊張，讓我習慣面對群眾。這個方法很有用，不僅讓我克服緊張，也讓我後來只要站在舞台前，幾乎沒有任何感覺。只要站上講台上不緊張，就必定能有所表現，**所謂的「台風穩健」，其實就是站上舞台能展現自己的神情風采，落落大方就是大將風範**。

老師對我的第二個訓練是：**極度專注**。

在所有的演講比賽當中，有一種最恐怖的演講比賽，叫做「即席演說」，不像是背誦演講，可以因著事先寫的稿子，反覆練習，完整背誦出來。即席演說的比賽規則是，一抽出題目，就要在最長三十分鐘內準備出一篇超過三分半到四分鐘的稿子，準備期間不可以跟任何人說話，不可以帶任何電子產品。手邊可以有報紙、字典查詢，我就坐在那個位置，老師丟給我一個題目，四十五雙眼睛盯著我，我面向他們，要在短短的三十分鐘內準備出演講內容。老師繼續在台上講課，我得關閉耳朵，不去聽老師正在說什麼，也得關閉感覺神經，忽略台下好奇的眼神、假裝沒看見台下的指指點點、竊竊私語，以及窗外的風吹鳥叫、繪聲繪影，我必須極度專注在自己的世界裡。

三十分鐘後，時間一到，老師就會敲我的桌子，我得立刻上台演說，一整個學期下來，我天天接受這種訓練。

老師對我的第三個訓練是：**臨場反應**。

演講比賽要拿高分，一定要台下觀眾聽得津津有味。如何讓那些四到五位老師、校長或大學教授對你的演說內容有所反應，讓他們不但聽得津津有味，聽完後還給你拍拍手，更重要的是從四十到六十位參賽者中給你第一名，這是第三個最重要的訓練。

我必須打開所有感官，及時感知觀眾反應、隨時調整修正重點，這就好像公司聚餐時，突然被主管點名要分享經驗；或是跟客戶應酬餐會上，客戶想和你聊聊公司近況一樣，你要主管、客戶如何看待你？你如何在有限的時間內讓主管、客戶注意到你所要表達的內容？你如何利用這樣短短的時間去影響主管和客戶的思想與決定？如果你腦筋一片空白、說出來的內容無關痛癢，這段難得的機會就會徒勞無功。

每天，老師給我一個題目，我不知道老師會出什麼題，就是這樣日復一日照著這個SOP去訓練。這樣日積月累，即席演說已經成為我一個基本技能，無論在什麼社交場合或是工作現場，我都能有穩健的台風與談吐，可以向初次見面的人塑造出很好的第一印象。

原來擁有理想的表達能力能如此吃香

由於我很小就參加演講比賽，學校老師對我幾乎都有認識，口語表達能力好，也讓我在學校出盡風頭。

在我小時候的那個時代，沒有任何 3C 用品，所以我比較習慣文字閱讀。**文字的閱讀對表達習慣有很大的幫助。最顯而易見的幫助就是：詞彙豐富。**閱讀愈多，自然有源源不絕的語彙，然後很自然而然的就會應用到生活。第二個幫助是邏輯思維。閱讀書籍或報章雜誌，尤其是報紙新聞，新聞寫作本身就有很嚴謹的倒三角架構，有一定的敘事方法。所以看報紙的時候，無形中學習了這樣的敘事方法與邏輯思考，無形之中對我在演說表達時，段落、架構之間會比較有清楚的思維。

口才好，其實也不是什麼天賦異稟，就是一種從小養成的過程，再加上學校老師有系統的訓練。「一天一個題目」對我的應臨場反應幫助非常大。我後來也將之運用在宏華國際、信義房屋等企業訓練「傑出店長」項目，這種訓練就像強迫中獎，選手被迫要去思考，要去臨機應變，可以幫店長們在接受比賽面談時有更好的表現。

口才好也讓我比別人得到更多的表現機會，好比：學校週年校慶時，希望有一齣戲劇表演讓全校師生欣賞，老師就找我當導演，弄一齣話劇演出；學校有貴賓來訪，就派我這個市校演說冠軍去當接待；畢業生致答詞，我儼然成了學生代表的不二人選。我記得有一次國中的校內比賽，我「演講」拿第三名、「朗讀」拿第一名、「字音字形」拿第五名，頒獎時，麥克風一直念到我的名字，我就一直台上台下跑，真是出盡了鋒頭，大家都一直笑。

高中時，我被推選為社聯會主席、大會司儀。只要是要上台、要主持的部分，很多人就會想到我，自然而然，我就有許多表現的機會，累積更多成績與作品，這會更增加我的自信，並且豐富我的生活閱歷。

愈上台就愈容易被別人看到，這就像廣告一樣，有正面的循環，而且一有什麼要站上舞台發光發亮的事情，別人就愈容易想到自己。原來，擁有理想的表達能力，竟是如此吃香！

數理極差的演講冠軍

我的演講能力很突出，但數理能力非常糟，而且差得離譜，是一個極度的反差。在我年幼的心靈，這是非常挫折的一件事！

其實，我非常認真讀書，算是一個用功的小孩，母親還為我找了數學家教，從國小到高中，我都有一對一的數學家教，但數學依舊沒有起色，而且糟到大家無法想像的地步，非常驚人！

我從國小、國中就開始代表學校對外拿市賽的冠軍，尤其參加的項目又都是即席演說，臨場反應要很快。即席這件事，表達上具有一定難度的，這是一種淘汰性很高的競賽。一上台就要抽題，要在短短三十分鐘內準備內容，規定的演說時間要四到五分鐘，從審題、構思、規劃內容，現場臨機應變，找到最好的素材發揮，說出前後呼應、活潑生動的演講，就算不一定是高智商、高智慧，但一定是聰明的，數學再怎麼差也至少有一定的水平，比如七八十分這種普通成績。但是，我的數學成績是在及格與不及格邊緣，高中甚至數學只考十幾二十分，更有一次零分，周邊人驚訝到下巴都要掉下來。

我心底從沒想過未來要走外交官、政治家或口譯人員，即便我的表達能力這麼好，這麼吃香，但是因為數理成績太實在差，沒有考上任何公立高中。我之所以能讀到大學，還是靠演講比賽成績「推薦甄試」入學，不然應該會落榜。

現在回頭一看，**口語表達、演說能力好，掩蓋了我數理不好的表現，拉了我一把，為我開拓了人生中的一條光明大道。**

很多人會覺得我的反差很大，是因為我如果 IQ 智商不高，不可能即席演說頭頭是道，還臨場反應、表達這麼好。但是後來有從事教育的專家認為，我應該是有數字障礙才會這麼誇張。有閱讀障礙的人，看文字會跳來跳去，我是數字障礙，看數字雖然不會跳來跳去，但會沒有辦法去理解，很難運用數學去應對處理什麼事情。教育專家發現，我在數字上一竅不通。這也讓我明白為何我在職場上只要一碰到財務規劃、預算報表、業績報表，就完全思考斷線，曾經一整個晚上都搞不出來，會錯亂。

但求學之路、職場工作都一樣，一般人對於表達能力好的人，常常會有高預期，以至於我在數學、計算上的表現，總讓人摸不著頭緒。一直到我長大才明白，原來我是有數字障礙的人，這個發現來得太晚，以至於我年幼的小小心靈，一直是陷入在愁雲慘霧的課業挫折中。

02 我內向，卻在比賽中找到自我價值

我是「即席演說四冠王」，國小、國中、高中、大學都拿下台北市國語文競賽即席演說冠軍，贏得「即席演說四冠王」的殊榮。

審時度勢一鳴驚人

記憶比較深刻的是高中那次比賽，那是讓我比較有壓力的。我們比賽都要穿制服，一走進賽場，看到那些穿綠色、卡其色、黃色、白色的制服，就知道對手是北一女、建中、中山女高……當下不免氣勢上就弱了一點。我相信很多選手，一看到制服，整個壓力就排山倒海而來。

我其實有點內向性格，我的個性是不大喜歡在重要的場合說很多話的人。我比較喜歡安靜，能不說話就盡量不說話。我到那個比賽現場，雖然看到制服有壓力，但我還是能夠馬上就穩定下來。**我的內向特質，後來變成我人生中一個很重要的資源**，從學生一直延伸職場，不管是在媒體、企業或是自己的事業上，對我幫助很大。我只要一進到高壓的環境，會保持「絕對的安靜」和「絕對的專注」，就像日本武功莫測的武士，在比賽時會出現一種「武者顫」，內心興奮到全身顫抖但外表卻看不出來，我也有那種本領。

我的安靜是去感受那個環境，我會很仔細觀察自己等會要站在舞台的哪裡？舞台是什麼樣子？評審的座位怎樣安排？比賽場地的周邊是怎樣規劃？……我反而會去注意這些細節。我也會觀察其他選手的非語言表達，有哪些選手有哪些表現？在那種環境，有很多選手很喜歡裝熟，明明不認識也談得很熱絡，不少選手非常緊張焦慮，會來回走動不停。每一場比賽都好多這種選手，但我是很安靜的選手。

在比賽當中，我所採取的態度都非常一致，我完全不會外顯任何跟這場競賽中可能出現的技能，比如一直說話、探別人隱私、緊張心悸等。我會用內心去感受，讓自己沉浸在當下，一旦出現那種「武者顫」的境界，我就會內心竊喜，因為我知道之後我會怎麼樣的一種表現，這種反殺絕技，讓我常常成為別人眼中的「黑馬」，別人可能是嘰哩呱啦沒完沒了，看我來自私立文德女中沒什麼，也不怎麼愛搭理，我一個人就安安靜靜一語不發，我享受那個安靜的自我，但當我一開口，台下評審和觀眾是一片驚異稱奇！

父親的書架讓我飽覽群書

我父親是記者也是作家林文義，我家什麼沒有，就是書最多。

我從小就喜歡看書，每天一定要看《民生報》，整份報紙我會慢慢看完，先從自己喜歡的影劇版開始、然後生活版、然後政治要聞，我喜歡讀報，也喜歡看漫畫，比如：《哆啦A夢》、《怪醫黑傑克》。父親的書架上很多書，我從經典文學開始讀：《鐘樓怪人》、《悲慘世界》、《茶花女》……我也讀台灣文學、小說，我還喜歡報導文學。

我喜歡看真實的採訪，好比說祁家威的故事，他是台灣首位公開出櫃的男同志，我是從《人間雜誌》上看到，就會開口分享給同學聽。

我也喜歡看電影，電影是我非常有趣的童年記憶。我的阿公阿嬤，早期包下西門町的豪華戲院跟延平北路第一劇場餐飲部，他們賣爆米花、零食和飲料給觀眾，跟戲院的人很熟，所以我看電影都是免費的。

口才功力好，閱讀是重要的一件事。讀久了就想寫，寫久了就想說，這些都是表達欲望。寫作跟演說其實很雷同，評審要給高分，就是要吸睛。「破題」相當重要，然後是架構、條理。作文我幾乎都是拿高分，國中基測的聯考滿分是五十分，我拿四十九分；推薦甄試的會考，也拿到幾近滿分。即席演說是需要在短時間內把內容架構清楚，每個段落都要有功能，讓聽者得到重點，最後有所啟發。有時候，我只是把「寫」這件事變成「說」而已，基本上道理都一樣。但是很多人會寫不會說，擅長文字但不會口語表達，這是很可惜的一件事。**會寫會講如果可以結合起來，可以讓自己在職場上有更多好的機會出現，也可以讓自己顯得十分自信、亮麗有風采！**

國小三年級的那場演講比賽，其實我是第三名，但學校並沒有派第一名出去比賽，我想學校是看到了我的潛力。這個潛力可能來自於我背後的閱讀功底，以致於用詞較成熟典雅（曾有老師評價），這是我非常有自信的原因，年紀小，也完全沒在意外表，老師只提醒我不要在台上摸頭髮、**吐舌頭、扯裙子、身體晃來晃去……這些小動作我都沒有出現，就是「台風俐落」**。我沒有做這些非常細碎的小動作，所以顯得台風穩健、俐落、大方、乾淨，因此雖然我沒有得到第一名，但學校還是派落落大方的我參加校外比賽。

表達傑出找到自我價值

我大二就開始接商業主持的工作，因此把自小參加比賽的風格延續，例如我常常要去企業開會，**會議中我通常不說話，那個不說話不是故意不說話，而是我會保持一種穩健的態度**，不會急躁著說：「你好，你好，我是……」或搶話、插話：「我覺得、我認為、我想……」。**我都是很慎重地聽完客戶表達，明白客戶的需求，最後當客戶想聽我**

的想法時，我才會針對剛剛大家提過的痛點，歸納成精準的語言發表出來。

曾經跟一個房產老闆開會，他對我說：「哇！我一開始還滿懷疑自己，不知道有沒有找錯人，因為你實在太安靜了！但當你回覆我所有細節，我非常清楚知道你就是我們公司這場活動的最佳主持人！」我在華視文教訓練中心教了將近十年的主持人班，裡面很多已經是專業主持人回來進修，或是剛踏入主持人這行的新人，我都會先訓練他們一種基本能力：「**專注傾聽，並且說出精準的內容。**」這是一種很重要的基本能力，有了這個能力，才有可能成為一個真正會說話的人。

我的文科能力非常強、數理能力非常差，反差極大。這也是我後來很積極去推廣表達能力的原因，因為**表達能力是一種外顯能力，可以去遮掩掉能力上其他的弱點，也可以去平衡環境帶來的挫折**。就像我佩服的《商業周刊》前總編輯王文靜，她聯考數學零分、沒有大學文憑，卻能透過一枝筆，一套說故事的心法，採訪包括美國前國務卿希拉蕊（Hillary Clinton）等千位國內外領袖，採訪的文章或書籍被收錄到教科書或介紹給國、高中、大學的學生，後來還受邀到台大研究所執教，成功扭轉了自己的人生。

我是個內向的人，卻在演講比賽中找到自我價值，因為表達能力特別傑出，變成我個人強而有力的自信標籤，因而得到滿滿的舞台。**即便我內向，因為表達好，別人願意多給機會，也比較容易獲得別人的信任，為自己爭取許多表現的機會。**

03 讓天賦發光，從媒體人變企業講師

當講師得有料，要將專業累積成為一門課程傳授給大家，沒有實績與實力，光是耍嘴皮、空手說白話是不可能的。而且，也不是每一個有真材實料的人都能教，有些企業家事業做得很好，講課時卻無法讓學生聽懂。學生時期開始的主持經驗，以及就業後進入媒體擔任行銷企劃與業務的歷程，讓我在後來成為講師的工作轉換上更得心應手。

我大二就開始商業主持，當時合作的廠商是與國際知名企業 Intel 合作的「太智公關」，從大二到大四一直很幸運能主持 Intel 的些許活動。大四快畢業時，「太智公關」的老闆 Jackie 問我要不要到公司上班。當時，我提早看到公關業的辛苦，所以婉拒了。

因緣際會成為媒體人

當時東森剛成立廣播新聞部，有個早上七點到九點的現場新聞政論節目，等於每天早上六點就要到公司，資深製作人找不到人，我是世新口語傳播學系畢業，剛好專業吻合，再加上東森是一個大媒體集團，我覺得機會正好，就及時卡位了。

早上七點到九點是廣播的黃金時段，我們請的都是東森新聞台當家節目主持人，如：邱秀珍、李大華等這些明星主播輪番上陣，專訪熱門新聞人物，還有現場記者連線，我擔任執行製作，每天既緊張又興奮！

新聞政論節目之餘，我也有機會為輕鬆有趣的節目服務，例如擔任寶媽的助理主持人（當時藝名叫養樂多妹）、郜哥（郜智源）的節目製作人。二〇〇四年，周玉蔻離開飛碟電台跳槽到東森廣播網，新聞鬧得全台灣湯湯沸沸。當時東森內部沒有人敢接這位大牌檔的節目，於是我自告奮勇。我記得當時節目部經理小嵐姊對我說：「太感謝妳了！」似乎我成了大家眼中的救星。

熟悉對方才能住進對方心裡

我從小就聽飛碟電台長大，我很喜歡蔻姊的聲音，感覺既親切又熟悉。一個人說話的聲音，總會在不經意間透露出自己的內心，她的聲音溫和中帶激情，一旦嗅到新聞敏感，聽眾就知道她會扎扎實實地追到底。

我擔任蔻姊廣播節目的執行製作人，下面帶了執行製作與節目助理，這是一個新的團隊組合。老實說，我曾經在工作上被蔻姊罵哭過。但是，我克服了這個困難。要去誰的山頭，先學會唱誰的歌。我想，只有先熟悉對方性格、做事的風格和說話方式，才可能圓滿達成她的要求。

蔻姊一向快人快語、新聞向前衝，這類性格的人反應迅速、熱情率真、個性十分火急。抓到了這個節奏，我帶著團隊工作，方式與步調盡量完全與她相投，自然就收到了很好的效果。工作一段時間後，團隊之間累積了十足的默契，蔻姊的不安全感也完全消失了。

我前前後後與蔻姊共事三年，這當中學習不少、成長很快，團隊和蔻姊的工作氣氛愈來愈好。後來，蔻姊還引薦我去做她的電視節目，等於做廣播節目的同時，也切入她在S台的電視節目。白天做廣播、下午做電視，我也曾有同時領了兩份薪水的時光。

會說話是一種重要的能力

在職場上，不明白說話人的真正意思，會增加溝通難度，能聽懂上司或長官的話，工作起來就會遊刃有餘。有些聰明人表達自己想法時，並不會直接說，反而用一種比較委婉的方式。如果聽不出弦外之音，就算聽了也等於聽不懂。所以我在教說話課時，會先請大家學會聽。**懂得聽，才會說。**

會說話是一種能力，不只是把話說出來而已，**還要懂得說出來的是什麼話。有時候，寧願不說話也不要說廢話，聆聽也是一種表達。**冷場時要怎麼主導，諜諜不休的來賓如何有台階下……這些都有方法和技巧。寶傑哥（劉寶傑，現主持東森新聞台《關鍵時刻》節目），進電視台前是先到廣播電台熟悉環境，那時我有幸先陪著他，如今他已是東森的當家主持人。

我是小主管職，跨廣播和電視二個部門，也參與集團內的整合行銷事務，有時我會幫忙跨部門的行銷專案，好比說：到衣蝶百貨主持跨年晚會、為某個企業主持慈善活動、訓練東森幼幼台即將出道的主持人、擔任主持人海選評審……。後來我進入《數位時代》，就專注在企劃整合行銷這個領域，專門替企業服務，幫企業提升品牌形象、行銷產品，從寫案、提案、統籌到結案。

讓客戶感覺是自己要的

整合行銷要做好，其實只有一個核心觀念：讓客戶相信那是客戶自己要的東西！很多人常被客戶退稿或退案，主要都是因為對自己的想法太執著，因而忽略到了客戶的需求。讓客戶花錢去做他們不想做的事情，當然案子會被打槍。如果想要別人贊同自己，就讓對方相信自己寫的東西是客戶要求的。

我那時最高紀錄一天寫了五個企劃案，各式各樣的內容都有，包括：廣編專案、論壇活動、異業結合等，客戶種類也不同，有車業、有科技零件廠、有藥廠等，我總是先擬幾個自己發想的問題，然後請教業務或客戶，讓客戶來協助我，讓我能了解他們心裡所想的。我不需要費盡口舌去說服客戶照著我的想法，去做客戶不想做的事情，這樣往往會讓事情變得很難。

會說話的人，其實是有影響力的。想要得到客戶的贊同，就引導客戶表達出觀點，自己再與客戶有相同的觀點，而不是硬生生的把自己的想法塞進客戶的腦袋裡。

後來，我進入女性健康產業：媚登峰，老闆是莊雅清女士，我負責「品牌行銷部」和「電視商務部」經理，前者負責花錢，後者負責賺錢。這是我第一次進入非媒體企業、也是家族企業內工作。

媚登峰是一個四十年的老牌子，很多員工都跟老闆二十年以上，老員工雖然忠心耿耿，但是創新與彈性不足，當時的市場已經從高峰往下走，如何創新思維、企業變革是當務之急。

我記得那時一接品牌行銷主管職位，立刻就有老員工要離職，其實我沒有希望他們離職，我也希望他們留下來，所以我先示弱：「比我懂這家公司的就是你們了，未來會需要和你們一起努力。」面對不服空降主管的老企宣，我也先安撫：「董事長說你是文案的一把好手，以後要多靠你幫忙了。」他們只信服董事長，我就順其心意，用董事長的話安定他們的心。

但是，工作上的忙碌與勞累，長期處於極度的壓力之下，導致我罹患甲狀腺機能亢進，不得不休息。需要一段時間養病，但是在這段安靜的調養時間裡，我開始去企業教課，從事企管顧問工作。

開始把觀點裝進別人腦袋裡

在《數位時代》整合行銷部服務時，我是以客為尊，引導客戶帶領我達成他們的需求。從事企管顧問職，角色立場不同了，我需要澆灌觀念進到別人腦中。

把觀念裝進別人的腦袋裡，目的當然就是：希望他們學會之後，把錢從別人的腦袋裡裝進公司的口袋裡。我擔任遊戲代理公司「艾肯娛樂」的顧問職三年，固定為該公司舉辦員工內訓、針對行銷、管理部門提出建言，指導行銷部門職場表達，也陪伴公司CEO商務洽談。

當時感謝老闆帶領，我因此也被推薦到上海的「游族影業」授課，能為這家專注於互聯網IP流量的企業員工內訓，開啟了一次海外授課的機緣。

一面養病、一面從事企管顧問，後來生子，也陪兒子到三歲後，我二度就業進入《食力》媒體，至今都還跟創辦人保持良好的關係。這個媒體聚焦台灣食品業，從零開始，我把行銷業務部門建立起來，以整合行銷、公關結合的方式，為企業規劃專題報導、動畫影音、實體公關活動，感謝同仁給力第一年就做到將近一千萬元的業績。

說來我也算是一個幸運兒，可以讓自己的天賦發光發熱，從媒體人轉而成為企管顧問講師。口語表達是我的專擅，當初在「天下文化」任職的大學同學竹聆找我在「93巷人文空間」開課，讓我收穫許多至今仍有教學互動的學員。後來延續講座，「台積電」邀我去教組織溝通表達力的課程，陸續又與「太毅管顧」合作，受邀到東京威力科創、賀寶芙、益華電腦……許多知名企業擔任授課講師。

回溯過往，因為深厚的職場人生歷練、商場的實戰經驗，成就了我成為企管顧問講師。我掌握了企業經營常遇到的核心問題，專攻策略表達課程，傳授企業如何制定策略規劃？如何跟客戶溝通？如何開會？如何準備資料？如何開場？如何成交？……有效解決了他們的難題。

04 全球超過六成是內向者，內向者有哪些特質？

你相信嗎？在這個喧嘩吵雜的世界，全球竟然有超過六成以上的人是內向性格？或者你也可能不相信，儘管我拿下即席演說四冠王，站在台上滔滔不絕，被人視為口若懸河的高手，但私底下，我十分安靜。

內向的人，在職場上似乎比較吃虧，給人沒自信、害羞、不勇敢、消極的印象，其實這些是傳統以來的刻板印象。內向、外向只是性格的呈現模式不同，內向的人之所以容易被誤解為缺乏主動性、不夠積極，其實這正標示了他們性格當中的「豫則立」，凡事審慎的做事態度。

「凡事豫則立，不豫則廢。」這句話出自《中庸》，意思是：做任何事應該要有周詳的計畫，按步就班執行，這樣比較能夠達成目標；如果缺乏規劃，邊想邊做、臨時抱佛腳，肯定難以成功。內向的人發光區域不在舞台，而是閃耀在內心，他們更擅長內心小劇場的沙盤推演與呈現結果。

就像美國大聯盟裡效力於雙城隊的王牌二壘手布萊恩・多茲（Brian Dozier），他曾經受邀來台，靦腆的他與廣大球迷互動中，可以發現他內向的性格。他的崛起，就是得利於「豫則立」。他在大學時，被球探認為缺乏長打能力，他知道自己的長打不行，所以打擊時刻意將球拉到左外野邊線，這裡是離全壘打牆最近的距離，因為這個策略，他成了全壘打重砲王，至今仍是美聯賽單季二壘手全壘打紀錄保持人。**內向的人就是能深思熟慮，策略調整，將自己發揮到位**。

職場中的內向議題，常常是主考官面試徵聘的重點。太簡易的歸類內向者不適任行銷、業務、管理等職缺，其實是過於草率論斷的，因為內向者的能量，其實更是外向者需要的。真正的影響力來自於洞悉人心、掌握正面能量、看懂問題癥結、設身處地為人著想……這些恰巧都是內向者的特質。而且真正的影響力並非來自滔滔不絕，也不在於人脈多寡，更不是來自於知名度或鎂光燈。

內向者還有哪些特質呢？

擅於傾聽

內向者之所以常被貼上安靜或害羞，就是因為不多話。他們不喜歡說，但是擅長傾聽。**會傾聽的人，比較能夠找出問題癥結**，因為向來攻者不防，防者易攻。因為言語中會出現很多破口漏洞，當別人負責說話時，內向者全心傾聽，就很容易知道對方的企圖、語病或矛盾。

重質不重量

內向者向來重質不重量，相較於善於交際、喜歡打哈哈、會經營人脈的人，蒐集到一疊名片，還不如贏得一雙有力的握手。不是認識愈多的人，就對自己愈有利，**建立有意義的連結，才是人脈關鍵**。

敏銳的觀察力

內向的人多有一種善於 察言觀色的能力，這或許是一種本能的自我保護反應，他們避免自己成為焦點，更注意細微之處。比如：這個人的西裝上有扶輪社的徽章，他們善於察覺環境、觀察身體語言，以便調整自己的行為，幫助自己做出正確選擇。

這種敏感度，就是日本常說的「閱讀空氣能力」（空気を読む）。其實，人與人的相處，都存在於一種「氛圍」中，不一定透過說話才能感受到對方的訊息，很多時候，無形之間，空氣就已經傳遞出蛛絲馬跡。日本甚至曾經推出一款遊戲 APP 叫「閱讀空氣」，幫助玩家在不同狀況下採取正確的行動與反應，遊戲中會出現不同情境，玩家根據現場氛圍做決定，比如：地鐵上很多座位，該坐哪裡？雨愈來愈大，要往前還是掉頭離開？幫助玩家根據當下的氣氛推測狀況，來判斷自己應該做什麼、不應該做什麼，或是該讓對方做什麼或不做什麼。

內向者非常會閱讀空氣，可能因為不擅長跟別人進行交往，自然而然發展出另外一種保障自己的生存之道。所謂的人際關係，如果發展得好，確實有益身心；如果發展不良，則會為自己帶來更多負面影響，內向者容易在不對的人際互動關係中吃悶虧、不明究裡的成為受害者，他們未必人際關係不好，只是更具備察言觀色的能力，篩選值得的打交道者，他們甚至比一般人更願意構建出良好的人際關係。

不輕易開口

言多必失，語多必敗。很多人喜歡高談闊論，往往不經意地暴露了自己思維的短板，經過深思熟慮的言論常常有很多漏洞，甚至會成為別人頗有用心的整治武器。好為人師、夸夸其談乃是人之常情，我們常常看到網路流傳政治人物的失言影片，真正有豐富人生經驗的政治人物，絕對不會在不清楚問題的情況下，尤其在大庭廣眾下，隨便信口開河。他們知道，與其成為笑柄、流傳後世，還不如無言辭窮、嚴謹守中。

沒有仔細反覆思考就隨意發表的議論，多半是言不及義。內向者通常謹言慎行，他們不愛說話，說出來的話，通常是比他們的沉默更具價值。這是非常值得我們去效法學習之處。我常常教學生：「我們用一年學會說話，要用一輩子學會不亂說話。」話就像潑出去的水，是收不回來的。

你說的話能不能影響人？能不能取信於人？能不能算數？都是你這個人的形象。「信」這個字的由來，就是「人而言之」謂之「信」，其實所有的人際關係，就是建立在「信」這個基石。人與人之間因為相信，彼此才能共處、共事。言誠有信的人，表示有執行力、實踐力，表裡一致的人，別人也願意真實以待，如果沒有「信」的基礎，彼此處處提防、事事計較，這樣會難以共事、成事。

自我療癒與自我修復的能力強大

善於傾聽、察言觀色、重質不重量、不輕易開口……這些特質，其實會帶給他人輕鬆無壓力的愉悅氛圍，也讓說話的人更相信傾聽者願意發自真心，建立友善的人際關係。

然而，行走江湖各種人都有，萬一遇到講話毫不客氣、盛勢凌人、咄咄逼人，或言行舉止散發攻擊性的能量，高敏感度的內向者可能容易受傷，其實容易受傷並不是錯，而是先建立自我防護堡壘，把吵雜隔離，回到安靜的狀態，觀察自己的內心。**內向者很**

容易療癒自己，甩開負面能量，回歸並保持原本愉悅的心情。

人際界線清楚，做決定時思路清晰

所以不得不說，內向者的人際界線十分清楚，他們可以敏銳地感受自己在職場上的非凡優勢與能力。**安靜，可說是內向者的最大特色，也因為安靜，他們思慮周全。**

很多人認為內向者不擅長團隊合作，很保守，既孤僻又膽小。其實內向的人很適合當老闆，因為他們會傾聽員工心聲，理解問題癥結的所在，在事業上也能專注研發，在做策略與決斷時，深思熟慮、忙而不亂，這樣的人更容易得到員工及團隊的信任。

05 內向的頂尖人物，有哪些卓越值得學習？

前文提到內向性格的人很適合當老闆，因為他們多數時間是「向內看」，不浪費時間在無謂的社交場合中。與其喧囂張揚的群體活動，他們更喜愛獨處，享受在安靜的環境，透過思考，把自己的優勢與天賦發揮至極。

你會很訝異，大多數的成功企業家都屬於性格內向者，他們擅長思維、提出精準策略與想法，並能執行到底。內向型企業家是予人溫和、輕鬆、愜意的感受，他們的自在寫在臉上，因為他們安靜，安靜就給人一種祥和感。有哪些內向型的頂尖企業家值得我們學習？

專注自我決策的巴菲特

股神巴菲特（Warren Buffett）曾說過他恐懼公開演講，他甚至只要想到公開演講這件事，就會生病。高中時，他想要克服自己的恐懼，報名了卡內基的課程，但實在太害怕又退卻，之後再度鼓起勇氣報名了類似的課程，並認真學習。

克服恐懼最好的方法，就是直接面對。他報名了訓練課程，課程結束後，他甚至開始在大學任教，強迫上台演說授課。儘管個性內向、害羞，當他意識到溝通技巧的重要，他的注意力便轉移了。內向害羞不再是重點，重點是他欠缺溝通的技能，所以他立刻報名訓練課，深怕年紀愈大，愈難改變根深柢固的行為模式。

「面對恐懼，採取主動。溝通技巧，盡早學好。」這是巴菲特專注自我的決策。他觀察到得自我增值，於是他用自己的方法把原本的非優勢缺陷，轉化成高明策略和正向積極的動能，這不就是他的「價值投資學」嗎？

內向性格的人，比較清楚自己的目標。有了明確的方向，就能堅定走下去。不願意自己因為恐懼演說而被職場淘汰或低估，巴菲特務實修正，專注於發揮自己的價值，後來他專注在精選股票、資產策略上，最終成了「投資之神」。

清晰理性具執行力的比爾蓋茲

微軟（Microsoft）創辦人比爾・蓋茲（Bill Gates）也是一位內向性個的企業家。當初他已經意識到個人電腦的到來。那時候，IBM個人電腦才開始推廣，他瞄準到IBM的個人電腦一定會普及，所以只跟IBM收取微軟平台的開發費，還允許IBM免費使用DOS系統，唯一的條件是：著作權在微軟身上，只有微軟可以授權給其他的製造商，這個策略使得微軟成為IBM個人電腦作業系統上的產業的核心。

雖說內向者習慣周全策劃才行動，但蓋茲抓住市場風向球，大約六成把握就開始行動了，六成把握，對蓋茲來說已經夠充分，市場隨時都在變化，不可能有所謂的準備周全，過於缺乏彈性反而不合市場。只要大方向沒錯，基本上就可以積極執行，若遇到問題，再想法子克服。這是比爾・蓋茲的特點，但是和他同班同學的吉姆・克拉克（Jim

Clark）卻不這麼認為。當初蓋茲拉同學克拉克一起創業，克拉克猶豫觀望，不願意休學，結果等他畢業，微軟公司已經站穩腳跟。

「即知即行，絕不耽誤」，內向的蓋茲有很高的敏銳度，並且能專注執行，微軟的殺手級應用程式，後來也讓蓋茲登上全球首富。

既內向又結巴的馬斯克

特斯拉及 SpaceX 的創始人伊隆・馬斯克說話會結巴，這是大家都知道的事。他極度聰明、高智商，說不出漂亮的話，但是從他的訪談中，大家都能感受的到他的專業。他的演講都是即時的，不會預先做準備，就算講話時有點口吃，還是能無礙地表達自己想法，散發內向者的獨特領導魅力。

優雅俐落容易與他人共感的張瀞仁

張瀞仁是一位國際非營利組織 Give2Asia 的慈善顧問，是跨國管理專案者，工作的領域橫跨全球多國，管理多達二十五國的團隊。她寫過一本書：《安靜是種超能力》，這本書被翻譯成英、日、俄等六國語言，還登上過美國亞馬遜（Amazon）暢銷榜第一名，是一本寫給內向者的職場進擊指南。

長髮、大眼、性格溫和、穿著簡單優雅，安靜低調的張瀞仁原本赴美就讀運動行銷，這領域幾乎清一色是男性，必須在短時間內迅速展現自己，企劃力和英文能力，跟外國人直接溝通、談判的能力都要強。

她認為，這樣的能力不一定只能用在運動行銷。對工作產業不設限之後，她就找到了美國州政府駐台辦事處的工作，負責商務和貿易，雖然與自己的所學領域有所不同，但是先前累積的行銷及整合經驗是她最大的資產，也讓她的位置無法被別人輕易取代。

張瀞仁運用自身內向性格的優勢，在職場找到方向，鼓勵了更多內向者，也以自己經驗分享，如何善用內向特質，走出不同的路，曾入選二〇一八年四十位四十歲以下台灣科技女性菁英（Girls in Tech Taiwan 40 Under 40）。

第 2 章

AI 時代，好好說話的重要

麥肯錫全球研究所（McKinsey Global Institute）在《失業與就業：自動化時代的就業變遷》報告中預計，在二〇三〇年，全球將有多達八億的工作會被機器人取代；在已開發國家裡，知識含量越高、可預測性低的工作職位，將越不容易被影響；例如律師、醫護人員、幼教老師、電腦工程師、藝術家等高知識密集度、需要經常與人互動、溝通的行業受到自動化波及較小，因此替代性較低。

06

世界在改變，認清說話的三大困難

世界在改變，這也使得說話的難度變得更高了。好比說，隨著短影音的興盛，我們在表達上，更要注重表達的效果，而不是一股勁只是固執地把自己想說的說出去。

我們必須理解我們說話的對象不是電腦，而是活生生的人。這個人是誰？是上司、評審、父母？還是合作廠商、同事、小孩？怎麼說才能讓自己想要表達的內容，充分被對方接收？如何吸引他們願意好好的去面對、接受資訊？

我們在這個要時代要好好說話，會面對三種挑戰：

資訊量過於龐大的問題

如何在龐大資訊量中，透過表達方式突圍？

根據網路調查，每個人每一天在智慧型手機上的資訊接收至少就有兩千筆，不管是被動接收或主動接收，光是要消化這些流動資訊就很耗費時間，也讓我們在表達的時候很容易被分心、難以專心，只要一條通知訊息進來，可能我們的注意力就轉向了。

在這麼龐大的資訊量裡，說話的難度會提升，尤其對方還是在隨時可能不專心的情況下，我們得去思考：到底要如何讓說話的內容，更能夠被對方吸引並快速被認同。

你會發現，光是情感表現的元素還不夠，可能字句還必須更精準、資料的引用也必須確實，而且每一段的表達必須要控制在一到兩分鐘之內，相較於落落長的演說，可能現在以「碎片式」表現，更讓大家願意接收。

還有節奏的部分，太過拖沓、太過緩慢都不適合，資訊冗長幾乎無法被接受。

公關危機愈來愈多

因著片段、不完整、既短又快的表達，導致資訊不容易被精準解讀，一旦被負向解讀，很容易造成公關危機。

因為資訊量多，所以在接受資訊的部分，大家會顯得負荷過重，為了順應這個現象、很多表達會過於短、快，且講求速度。也因為表達過於片段、跳躍式邏輯不易被精準解讀，反而很容易被斷章取義。一旦資訊被負向解讀，病毒式散布，成為網路風暴，這種危險甚至可能顛覆企業多年辛苦經營的品牌與市場。

舉例來說，某大時尚品牌因為推出的廣告，以兒童模特兒手裡拿著穿有情色束縛衣的玩具熊，含有大量綑綁及手銬等設計元素，不僅剝削孩童還有鼓吹性虐待之嫌，被大批民眾抵制，品牌方緊急將廣告下架並道歉。這件事才惹議，經紀公司卻透露某武打巨女星將為其代言，當然，立刻也被網友砲轟，且震驚了整個娛樂圈。

這就是該時尚品牌與該經紀公司的公關危機，公關危機也是一種表達上的挑戰。我發現很多企業忽略了網路發達時代，自我表達的重要性。有時可能只是說錯了一句話、放錯了一張圖片或傳達了一種立場，就導致整個品牌形象，甚至市場坍塌。這是現代表達的特性，因為網路能大量擴散內容，資訊如果不清楚而被負面解讀，就容易引發公關危機。

所以我常提醒企業主，**AI時代的表達要盡量避免負面的字眼、負面的圖片，以及負面的立場**。負面一旦被擴大，就會變成「非常負面」。我們之所以會說「病毒式擴散」，就是因為病毒是負面的，一旦被大量解讀開來時，會帶來非常可怕的危機。

世界在改變，說話或各種表達都要愈來愈小心。如果話語被不精準轉達，自然容易產生誤會、造成後續溝通的困難。就連道歉的語言，如果說不得體，那真是不說也罷。大家是不是有注意到，含混不清或只認部分的錯，只會愈說愈錯。

人與人之間需要快速的破冰能力

如何第一時間讓對方可以跟你快速有情感的連結？對話能夠快速捕捉到彼此之間的共識與認知，這是第三個說話難度。

太依賴線上溝通，反而會讓人在線下溝通時的破冰速度難上加難。為什麼？很簡單，因為線上溝通不需要非得面對面不可。想想看，你能用十五分鐘聊出好交情嗎？若是與陌生人見面，從握手、開場、提問、接話，你是能讓話題繼續下去的人，還是一下就成為冷場句點王？實體溝通需要陌生拜訪，如何擺脫尷尬、緊張與冷場？

當我們愈來愈習慣線上溝通，線下要很快速地去熟悉，就必須做更多的功課：說對方想聽的話，給對方想要的內容，透過更多語言或非語言表達的溫度去破冰，這樣才能夠拉近距離。

說話的難度到底遇到什麼樣的實質挑戰？大家可以針對這些難度更深度去觀察，這些難度通常會出現在何種場域？然後用本書的方法去理解與破解。

07

一不小心，就禍從口出

我們其實會很難去控制自己想要說的話，因為我們的思考常常是煞車不了、控制不住的。我們的心思、情感、意念，會對一件事情馬上有主觀的想法，只是有時候，我們選擇把這個主觀想法藏在心裡，但有時候，不說出來會很難受，結果一說出來，就闖禍了。

心口合一、暢所欲言，是一件很舒服的事，所以有句話說：「一吐為快」，吐出來了，內心就很爽快！但「一吐為快」，卻很容易「禍從口出」！為什麼？因為「表達」這件事，聽到這件事情的感知，是建立在聽者的身上。當你很自在的心口合一、很暢快的把話說出來時，如果沒有思考到聽者的感受，或是聽者的認知，一旦說出來的話違反了對方預期，或是讓對方的感受不佳，那當然就很容易變成禍。

除非你能做到自己在心口合一的同時，所表達的內容，對聽者的感受是理想的，是安全的，你講出來的話能夠顧及對方感覺，又能夠讓自己心口合一，這樣才能避免「禍從口出」。

「禍從口出」於還有幾個原因：

被「情緒」主導思考

人是情感的動物，情緒會主導了的思慮，一旦思慮受到情緒的干擾，就會被情緒拖著走，情緒成了主人，就很容易呈現在表達的狀態上。

當你的情緒是焦慮的、生氣的，很自然你的思考導向會是不開心的，這個不開心會從你的言語或非言語表達中傳達。所以不自覺語氣就變得非常強烈，或是出現指責的話語，甚至比較激烈的非語言表達，像是甩門、拍桌子。

所以大家會發現，常常保持一顆快樂的心，思維比較自在、開放，連面部表情、語氣都會比較放鬆，比較和諧。

主觀太強「過度說服」

不管是在工作、學校或家庭生活，特別是跟別人在討論某些事的時候，有沒有發現：只要對方跟我們好像意見有點不太一樣，自己就會啟動防禦機制？我們常常會有一種習慣，就是聽到不一樣的意見，通常不太會認真想著要如何去接納。有沒有發現：我們通常不想傾聽，而只想要對方接受？

人都是有本位主義的，有這樣的行為也不意外，可是你會發現：不斷說服對方時，其實很難把對方放在是一個與你同等地位、正在溝通的角色上。如果對方連溝通的角色都沒有，當然會覺得你所說的一切，不管文字內容是什麼，都成了一種壓迫，這就形成兩個人在溝通上的障礙。這種情形最常發生在夫妻之間、親子之間，一直想說服對方，對方又不一定能接受，就成了吵架的來由。

所以「態度」十分重要，「禍從口出」的原因就是因為我們的「本位主義」。當我們已經在心底產生這種說服的態度，自然就引起對方出現一種抵抗的心態，於是容易形成衝突。**當你感受到自己想要去說服別人，請記得趕緊轉變態度，用一種大方的心態去**

表現純粹的傾聽，先認同對方，讓對方願意用討論的方式來進行交流，這樣的溝通才能繼續，也會產生比較理想的結果。

太容易與他人「共感」

容易跟他人共感，就是容易被對方影響。比如：對方講話很大聲，你就會覺得對方在生氣，在大聲之下，你可能就會選擇幾種反應：害怕或用更強勢的方式回應，這樣當然就很容易造成衝突。有的人很容易被激怒，不甘示弱，當對方吼過來，自己就一定要吼回去。這種吼回去的行為，不見得能改變事情的走向，卻往往是禍從口出的原因，因為太容易共感別人的情緒。

這時怎麼辦呢？**當下先關注一下自己的感受，而不是順著對方的狀態去和對方溝通。**專注當下，覺察自己，產生正念，讓自己的感受流洩出來，產生正知、正念後，再以理性的方法去表達。

情緒是會感染的，當我們被對方的感受所影響、被對方的感受所牽引，往往忘了其實自己本身可以去控制情緒。在溝通表達時，自己要在內心立一個界線：我們是自己的急救站，當氣氛不對時，專注當下，覺察情緒，適度做一個當下的紓解，等自己不被別人情緒牽著走之後，再以理性、溫和的方式說話。

想要減少禍從口出的可能，就要好好掌握前述三點。會出狀況，其實都是跟我們自己本身有沒有辦法去好好去看待自己有關。

08 會說話是技巧重要？還是態度重要？

如果更深入去看這個問題，我認為是「態度重於技巧」。

以前有位媒體同事，他說話上不特別花俏，甚至是有點老實坦白的人，接觸他的人都會認為他是一個真誠的人。沒有漂亮的口條，但有顆好奇的心，拜訪客戶時，總感謝客戶分享業界資訊給他，即使客戶未曾給他任何廣告預算，他仍抱持相當好的態度，與客戶建立深厚的關係。有一次，客戶打來抱怨一些事，他是個擅長傾聽的人，客戶在他的專注傾聽之下暢所欲言，感到高度的尊重，竟然就在這一次將近兩個小時的互動中，八成以上的時間都在傾聽客戶吐苦水，掛上電話後，客戶拍板了一筆三十五萬元的廣告預算。

所以技巧並不是表達的關鍵。一個人說話的聲音、使用的字眼、擅於的表達方式，其實都會因著生活環境、工作經驗有所不同，每個人都不一樣。技巧可以透過培養，然而真正能夠創造比較好的說話特質，還是「態度」。態度是一種心態的養成，會影響外顯的說話技巧。

會說話的人：傾聽的態度大於一切

人有許多基本的需求，其中一個是：別人會願意聽自己說話。「願意聽」這件事並不容易，你有沒有遇到一個人，可以很專注的聽你說，在聽的過程裡面可以不要有太多主觀的批判，能夠讓你暢所欲言？

傾聽的能力，背後是建立在態度上。就好比之前我提到的這位媒體同事，他有滿滿的好奇心，能夠以一種非常尊重的方式，去聽客戶抱怨。真正會說話的人，第一個能力就是傾聽態度，這種態度會讓人產生很棒的感受！

會說話的人：懂得讚美

能夠真心讚美的人，能夠用真誠字句去讚美的人，是會說話的人。在這裡要強調「真心誠意」這四個字，如果這個人只是用拍馬屁的手法，那不好意思，不是會說話的人。拍馬屁其實是非常不真誠的，因為實際狀態並非說出來的那樣，好比說某主管身材壯碩、稍微偏胖，可是有人偏偏說：「哎呀，最近變瘦了耶！看起來非常纖細。」搞得你一眼、我一眼，彼此心知肚明，「纖細」這二個字很難套在該位主管身上。這種就是拍馬屁，讚美的話與事實不符，刻意浮誇，絕對不是會說話的人。

會說話的人，讚美中滿是真誠，而且很具體，好比說你稱讚一個人，他看起來工作很認真，你會說：「辛苦了，你每天忙到八點才下班。」或者是「辛苦了，你有十個客戶在手上，一次要兼顧真不容易……」這些話有具體的事例，這樣子的讚美稱得上真誠，聽到真誠的讚美是舒服的，會說話的人就是說出來的話讓人感覺舒服，不浮誇。

會說話的人：話裡充滿重點

溝通的時候，最怕的就是對方講了好多話，甚至講了很久，卻聽不到重點。會說話的關鍵在於：能不能把所有的資訊、不管是多麼難的專業內容或沒法理解的邏輯，用自己的言語，讓原本可能十分複雜的東西，都能聽懂。一個人會不會說話，就看他能不能夠把話語變成資訊，讓聽的人立刻能夠了解。能夠把資訊精簡化，讓大家快速理解，是會說話的人。

有些人說話，用了非常多華麗的詞彙，聲音語調都動人，但是說了半天，卻沒法讓人懂，甚至愛吊書袋，引用高深莫測的理論、別人不熟悉的專業術語、把不同的語言套在裡面，感覺自己很厲害的樣子，其實這不是很友善的溝通方式。

真正的會說話的人，一定是說任何東西，能夠讓人一聽就懂。

綜合前述三點，你可以檢視自己是不是一個會說話的人。

會說話不難，基本是態度，能不能讓聽的人感受良好是一個重要的態度。最後還是要再重申：**態度大於技巧！**態度如果讓對方的感受是舒服的、自在的、理想的，那麼接下來的溝通就會讓對方比較容易接受。所以，從事說銷售、業務的人，採用正確的態度說話，自然容易達成目標。

09

人設大崩壞，因為沒自信面對真正的自己

ＡＩ時代，說話有一個很重要的關鍵，就是自信表達。

想要自信表達，「人設」就很重要。「人設」是什麼？就是我們期待外界怎麼看自己。如何用很鮮明的方式讓別人記得你？我們發現很多的名人、網紅人設大崩壞，最主要原因是：外界看他的樣貌與實際他能做到的程度反差太大。比如說對外所設想的人設就是一個家庭圓滿、愛妻護子的好好先生，可是實際上他的婚姻中卻出現很多的問題。

試想，原本是好好先生，卻頻頻外遇，怎麼不讓大家滿頭問號？咦！這個人不是常常在臉書或ＩＧ晒恩愛嗎？不是很會照顧家庭、對老婆小孩都很好嗎？怎麼會變成這樣？現代人對「人設」有太多期待，想的東西都太正向了，以為什麼都要讓大家看到很美好的，才叫做「人設」，很多明星都是用這樣的過度包裝來行銷自己，樹立偶像旗幟。但建立「人設」其實應該愈吻合愈好，不見得都是講優點，炫耀自己什麼都好，也

許有的事情就是沒有辦法，就是不太擅長，真實坦白出來就可以，「人設」其實應該更符合真實的自己。

看到真實的自己，往往是「人設」最佳的途徑。人設會崩壞，都是因為自己沒有自信面對真正的自己。真正的自己是什麼？在表達溝通裡面，表達的自信就在於：你到底知不知道你會的是什麼？你很會什麼？你很喜歡的什麼？你很投入什麼？不用去看別人，因為你不是別人，你就是獨特的你。當然更衍出的更深含意是：你到底知不知道最真實的自己是什麼樣子？

舉個例子，有個女性朋友其實不常運動，卻天天PO去健身房的照片，秀自己在運動健身器的樣子，後來被人發現她其實只是去那裡沖澡方便，一下子人生不就崩壞了？這個例子我們可以探討的是：為什麼她會期待別人認為自己是個喜歡運動人呢？為什麼就不能面對自己就是個懶人，喜歡追劇、喜歡躺在沙發上？這樣難道不行嗎？

如何讓自己的人設不崩壞？

真實面對

如何真實的面對自己，首先，你需要一份屬於自己的談話資料，你需要非常多的談話資料來說自己，而且是誠實的自己，這些談話資料要用正向的語彙呈現，比如：我就是喜歡週末躺在沙發上追劇，做人們口中的 couch potato（沙發馬鈴薯），我就是那種愛窩在沙發裡看電視的人，因為這樣能讓我非常舒服。當你們這樣正向描述的時候，你就會發現：這樣沒有不好，因為你接納它，你不會打擊這樣的自己，所以你對外的「人設」就是，一個愛躺在沙發上追劇的人，當別人看到這樣的你，有共鳴的人自然就會覺得你很可愛，很有趣、很真實。所以「人設」其實就是你自己能夠大方的去應對，並且用正面語彙去對自己訴說的事情，不會與自己有任何的牴觸和沒自信，這樣的「人設」往往會讓你吸引到更多與自己同頻、有共鳴的人，這一群有共同狀態的人、有同樣興趣的人就會是你的圈粉。

不自圓其說

人設之所以崩壞，主要的原因是：無法自圓其說。

表達有很多方式，但是人設崩壞的時候，卻發現沒有辦法去解釋。好比說A先生的「人設」是一位好好先生，卻被人家發現其實他外遇，還會家暴妻兒，馬上他的人設就崩壞了。A先生當然為了維持人設得要找個理由，結果就是愈講愈含糊：「我只是一時情緒激動，我沒有，我只是故意嚇嚇他們。」「我承認我有外遇，但我只是犯了別人也會犯的錯。」不斷想去編造理由來掩蓋自己的錯誤，其實這些漂亮的理由，不過是讓自己再度陷於原本營造的人設。

表達方式有很多種，如果原有的人設已經無法自圓其說，何不跳出原有人設，回到真實的自己。「死不認錯」不會改變或消除錯誤的事，也不會改變任何人對自己的看法與態度。如果這樣換成另一種表達：「這是我情緒失控的問題，這一陣子我工作壓力太大、經濟壓力也大，控制不住自己的情緒，也受不了外界的誘惑……」坦承自己的錯誤、說出自己的煩惱與擔憂，探析自己的荒誕行為，不需要為了圓一個人設去扭曲事實。嶄露真實的自己，反而可以讓更多人認識你，因為每個人都不是那麼完美，犯了錯如果能夠主動承認，或被人發現而能認錯道歉，是很容易獲得諒解的。因為「知錯能改，善莫大焉」是社會普世的包容價值，也是人與人之間的善意回應。

所以，當人設崩壞時，千萬不要再圓謊，因為已經沒有辦法再給更多的資訊來好好的維護、證明自己原有的人設了。

不給自己太高的期待

我們對自己往往有些期待，心目中總會有對自己的形象，想要成為什麼樣子？過什麼樣的生活？但是拉回現實，現階段你的現實狀態如何？

好比我本身是一個比較肉肉的女生，幻想成為身材比例好的女性，如果我的人設故意把照片修成像林志玲那樣窈窕，是不是就是過度放大了這個期待？

在做「人設」設定時，你會不會給自己一個太高的期待？

前文提過，人設崩壞是因為呈現的外在期待與實際的自己落差太大。就像有些年輕人，本身沒有什麼錢，為了開一輛跑車就去租車，內心想要變成可以開跑車的人，這樣的過程就已經跟自己的實際狀況有落差了，一旦被發現跑車是用租的，別人會怎麼想？當然就人設崩壞。

所以在這一章節裡，我想告訴大家的是一個最重要的道理：**透過正向語言的表達、以及談話資料的盤點，你可以理解到自己的期待，以及現狀和你的期待之間的差距，然後你才能真正擬定出自己想表達的那個「人設」。「人設」最好的狀態，就是「真實的你」**。

很多人都搞錯了，以為「人設」是包裝、是行銷出來的。其實「人設」之所以成功，並非是被設計出來，我的意思是人設可以設計，但不是包裝成現實不符，或是包裝成符合某某人的樣貌，硬去模仿、硬去跟風、尋著別人成功的模式……很多人「人設」是跟著流量密碼，看別人怎樣出色就跟著怎麼玩。

真正能讓人認同並且看到的，是透過自己真實的狀態，塑造自己在各種層面的表達，這樣的「人設」才能走的長久，且你也會愈來愈喜歡透明的自己，你真心喜歡自己，這種光亮會讓別人被你吸引，你的人設才會是自在的而不是崩壞的。

10 「面對面」口語表達的價值

疫情之後，我們更能體會「面對面」的價值，這是線上或書面文字表達無法取代的優勢。疫情間，大家都認為元宇宙（Metaverse）應該會是一個非常大的商機，可是後來發現，人的本性還是希望見見面。疫情後，旅遊潮爆發、實體活動捲土重來，演唱會、派對、音樂節……馬上大活絡，我們發現，就人性而言，「面對面」的需求還是非常大的。

在溝通表達上，「面對面」有三個重要的效果：

面對面有「溫度」

我常說表達要有「效果」，怎麼樣叫做有效果呢？就是要有共鳴，彼此要能夠認同，這樣才能夠達到表達的目標。「面對面」交流可以聊得更真切，能夠感受對方，透過對方的出現、外在、打扮、眉宇之間……觀察對方即時的表情和神態，捕捉對方所要表達的情感，感知對方現在的內心狀態，然後，試圖從中找出和對方最多的共鳴點，讓彼此的溫度升高，面對面產生的溫度很重要，透過這種感性系統，大家才願意釋放更多的內心、互動交流，我們也才能在這種良好的互動狀態裡，增加更多理性的判斷與對談。

面對面產生「信任」

見面能夠給人信任感。大家都知道，很多的詐騙來自電話，不需要見到本人就可以建立信任，而更多詐騙來自網路，甚至不用聽到聲音，只要透過文字、照片就能引人上鉤。疫情間口罩匱乏，連防疫口罩都有人要黑心訛詐；前不久一位女性銀行員想「婚」頭，被愛情詐騙千萬，警方發現這位女行員甚至對方全名都不知道，離譜至極，試想：一個願意與自己結婚的人，怎麼可能連面都沒見過？……如果電話、網路都能建立信任感，那麼「面對面」所建立的信任感一定是更深入扎實的。一旦對方現身，直接看到而不需要猜測，至少比電話、網路都還要可靠，因為基本上已經證明了，這是一個「實際存在」的人。

科技再發達，也是隔了螢幕，最有誠意的交流還是面對面，「面對面」的表達讓人覺得踏實，是能夠真正建立信任感的來源，而且能夠很快就把彼此的互動帶進一種穩定境界。所以，**想要讓對方一下子就產生信任感，就「面對面」，在彼此互動的過程中，除了說話，還可以從非語言表達的多方判讀，探究對方所言是否屬實。**

面對面帶來「效率」

只要是面對面，所有的互動就是立即的。疫情時很多公司行號都是採用線上會議，線上會有時間差，受限時空環境影響，收訊不好的地方一斷網就得重新連線開始，增加了不確定性的風險。表達溝通，例如：文字、畫面、聲音、線上……都各有利弊，但是面對面交流，絕對是網羅了所有表達溝通的優勢，既有溫度感、又增加信賴感，還能提升效率！

我特別想要鼓勵許多九〇後和〇〇後世代的年輕人，多利用「面對面」溝通，這些出生在手機世代的人，已經習慣線上溝通，這種隔層紗的感覺，在需要精密討論或是重大決策的場域，總少了些東西，例如：現場歡樂的氛圍、激動的擊掌……所以，還是鼓勵大家「面對面」，讓自己可以更精準拿捏對方互動上的表達，同時讓整個表達交流的效率加速，這種人與人的溫度或溫暖，是AI沒有辦法給的，不論這個世界多麼進步，真正能夠接觸到人，「面對面」的表達溝通，是一種無比的樂趣與挑戰。

第 3 章

打造真實且有感的說話風格

電腦的語言有標準，但真實世界的語言卻是沒有標準。

這是個講求個人風格的時代，學習使用ＡＩ會便利我們的生活，但這些人人都會是用的工具，卻無法給予我們獨特的思考和表情，當然還包括無可預期的反應能力。所以，ＡＩ的進步最終其實將變相提高表達能力的門檻，因為當大量文書工作被接手後，企業組織裡剩下更多的人才需求，就會是需要演說、人際相處和溝通表達的事務了。

11 盤點專屬自己的「亮點人設」資料庫

很多人的觀念裡會疑惑：「亮點人設」是不是要非常的「獨特」？才可以稱為「亮點」？是要獨特到什麼樣的程度？

其實「亮點」，主要的定義就在於：到底有沒有差異化？「差異化」在每一個人的身上絕對都找得到，因為我們每一個人都是獨一無二的存在，只是你能不能去發掘出來？找不找得出來自己身上那個不一樣的東西？

「亮點人設」怎麼來？

不是說你的「不一樣」一定要是世界僅存，世界上只有你有而別人都沒有，而是說

「在某些狀態」裡顯出獨特與不同。比如說：會讓別人眼睛一亮、驚訝的事情，人家覺得有印象落差：「咦！你怎麼會做這件事情？」

我記得電視台新聞曾經報導，有一個機械維修店的老闆，本身非常喜歡拉小提琴，當他在自己的店門口，穿著吊帶工作服褲拉小提琴的時候，令人耳目一新，眼睛一亮。大家覺得：哇，真是太特別了！這就是一種亮點，讓別人的印象產生落差，出現特別的印象。

有什麼事容易讓人產生「亮點」？如果你做的這件事情，是大家覺得比較難做到，或是這件事情不是跟你同溫層裡面的人會做的事，就很容易讓人產生亮點。比如我自己本身有參加完成過「鐵人三項」，這件事在我鐵人圈的同溫層很正常，但是在我一般的朋友、同事裡，就會有驚訝的感受：「哇！太特別了！」所以當我的同學要把我介紹給其他人時，最時常提到的點就是：「她很厲害，她玩鐵人三項！」

「亮點人設」這件事情並沒有這麼困難，而是你要怎麼去把有「落差感」的事情表現出來，其實你所要表現的，就是不同於你同溫層裡的事情，你要創造的就是給人另類感受的事情，把它找出來、表現出來，那就是一種「亮點人設」。

我們為什麼需要「亮點人設」？

二三十年前的社會不像現在的社會局勢，網路無遠弗屆、全球貿易繽紛，以前的社會習慣用比較習慣用單一的標準去衡量、評判一個人，比如說：考試的成績多好？讀哪一所大學？一年賺進多少錢？在公司裡擔任什麼樣的職務？

近二十年來，我們發現社會愈來愈多元化，尤其「自我主張」的演進，全球興起的自媒體熱成為新興主流，新社群媒體強調非常多的自我主張：人其實就是要順應自我，並且能夠透過「做自己的過程」去得到一種成就感的累積。全球意識與社會價值觀已經產生巨變，變得跟以前不一樣。在這個時代，沒有所謂的「最好、最穩、鐵飯碗」，可能以前我們覺得軍公教、醫師護理師的工作最穩，遇到了疫情，醫護人員隨時都有生命威脅；因著少子化的時代來臨，也讓教師供過於求，不如以前稀罕尊貴；以前我們認為很風光的政治人物，現在很容易被罵得狗血淋頭；以前覺得不錯的、得意洋洋，好像很厲害的職位，因著社會狀態的改變，正在遭受空前挑戰。

所以，現在我們要理解的是：這個世界上並沒有「最好」這件事，「最好」是很難用一個的標準跟價值去衡量、界定出來的。應對世界局勢與潮流，我們所感受到的是：沒有最好，只有不同。

這個社會的氛圍是「**沒有最好，只有不同**」，這是我們需要「亮點人設」第一個原因。

所以，只要你有辦法和他人有所不同，並做出差異化，就會發現：不管是做企業品牌、商品推廣或獨立創業，這樣的策略都能夠符合社會大眾的期望、支持和肯定。

我們需要做「亮點人設」的第二個原因是：**留下印象**。

請大家記得：**獨特，才能創造「印象」**。在人跟人之間的人際關係裡，或者是協同合作的過程當中，有時候我們發現：很多時候似乎很難抓到基準。好比說，在一場百人激烈的面試中，可能這個人英文也沒有很標準、那個人學歷也沒有比自己好，但是最後卻都被錄取了。為什麼？因為在面試過程中，他們讓面試主管看到了非常獨特的一面，留下了好印象。

面試官拿到的資料都已經是篩選過的了，你之所以會被通知面試，代表著也具有一定足以進入這家公司的資格與條件。但是，面試的關鍵在於：你能不能在面試者評分的過程中，讓面試主管留下好印象？這牽涉到你跟他人有沒有鑑別度？**有鑑別度，才能區隔與他人的不同，有特殊的獨特性，才能夠創造印象**，讓面試官留下好印象，才有機會得高分。

我們需要做「亮點人設」的第三個原因，也是最重要的一點：**產生連結**。人跟人之間要有認同與共鳴，其實就在於能夠連結與否。能夠有所連結，才能夠與他人建立關係；能夠有所連結，才能夠讓他人對你產生認同，一旦產生認同，當你在溝通或說服，甚至在談判表達、簡報過程中，你會發現他人對你的好感度如何？對你所說之事，是否能獲得簽約的機會？對你本身所營造的氛圍，是否獲得好成果？所以建立連結非常重要，關鍵也就在於有沒有印象，如果無法產生印象，當然就無法建立連結的機會。

勇於與眾不同

所以「亮點人設」的盤點，其實是我們每一個人都必須具備的一個表達的武器。當然，它也是能夠讓我們更誠實應對自己的方式。因為擁有了這個，你才能夠自信的看待你自己；擁有了這個，你才能夠真正的去了解自己，並且從了解自己的過程當中，增加自己的自信。這樣的自信累積，自然就可以協助你在整個表達的過程裡，創造你自己的風格。同時從風格裡，又能夠更坦然的面對自己。

「亮點人設」不需要刻意營造、更無須造假，它是真實的、誠實的、完完全全的屬於你自己。

真正能夠做出自己的差異化，自然就會擁有自己的品牌力，你不需要迎合別人，因為你只要跟別人不一樣就好了。所以我鼓勵大家，有空的時候，趕快整理出一份專屬於自己的「亮點人設」盤點資料庫，讓你自己成為喜歡的自己、獨特的自己！

12 獨處時，整理自己的「談話資料」

我印象一直非常深刻，三年前開始，我在台北市儒林補習班教好幾百位的高中生：如何在準備升大學的自我介紹？以及如何面對甄試教授的臨場應答？

高中生還沒有進入社會工作，基本上大家的介紹都千篇一律，不外乎是：全民英檢多少級？在學校的科目排名？參加過什麼樣的社團？什麼比賽獲獎……幾乎每一個學生的鑑別度都差不多，很難有所突出。

小男生的羊毛氈

但有一位成功高中的同學讓我對他印象深刻，當時，我請每位同學整理出自己獨特的人設，這位高中生寫自己會做羊毛氈。大家知道「羊毛氈」嗎？這種手作工藝非常耗時，一開始得先用針不斷去搓，讓羊毛變得蓬鬆，之後才開始構思作品方向、形狀、製作……於是，我被「羊毛氈」三個字所吸引。

「人設」這件事，其實跟如何去創造一個落差的形象有關。對一個高中生小男生來說，手作已經非常難得，而這個手作又是出自一個男生，這個手作還需要高度專注與時間去完成，這就會讓人產生「印象」。後來，我知道他要報考的科系是「中國醫藥大學」藥學系，就對他說：「羊毛氈的興趣非常適合寫在自薦函裡，可以把它變成是自己的人設資料庫，這個興趣可以讓評審對你產生印象的連結。」

於是，我請他再深入回想，當初如何開始做羊毛氈？做出哪些作品？做完之後的感覺？他表示：自己之所以開始做羊毛氈，是因為高二、高三時，每天功課繁忙，做羊毛氈帶給他一種療癒的感受。於是他利用下課或其他零碎時間搓、搓、搓，視為一種自我休息。就這樣子每天花一點時間搓、搓、搓，一週後，他就做出了一個手提袋給媽媽用。平常，他也做些小的手作品，如桌墊、杯墊，送給姐姐，大家都很喜歡。我對他分享的這個經驗太開心了，為什麼？因為這個興趣所展現的是一種高度專注、不浪費時間的證明，同時最重要的是，展現出他的一種人格特質：細心。

試想：如果你是醫藥大學藥學系甄試的教授，「細心」是不是很重要的一個特質？當學生想要凸顯這個特質，如何表現最好？當然不能只是嘴巴說說而已。在自薦函裡如果能告訴評審，自己的細心可以從製作羊毛氈的過程中看出來，不僅具有精采的畫面感，同時也能夠讓面試者立刻感受到這位同學細心的特質。

找出優勢話術

要創造屬於自己的人設，一定要先盤點自己的資料庫。資料庫就像是一個自己的武器彈藥庫，有了這個武器彈藥庫，就有足夠的底氣與自信，每次要跟人家介紹自己的時候，可以從武器彈藥庫中找到重點去表達，別人一旦收到訊息，自然就會有反饋。透過盤點自我人設，儲存武器彈藥庫，你可以更認識自己、更充分地表達自己。

盤點自己的人設資料庫，最重要的是找出「優勢話術」。需要選擇一個安靜的地

方，給自己至少兩個小時的獨處時間，寫下關於自己的「優勢話術」，至少要寫出二十個以上，因為量多，才足以成儲存成庫，不然彈藥庫空空如也，拿不出東西跟人交流。

「優勢話術」如何盤點？

「優勢話術」就是我們要放在人設資料庫的資訊。為什麼一定是「優勢」？因為我們從「優勢話術」中，能看到自己的優點，也能看到自己的不同。

1. 從小到大、日常生活，哪些優點是別人最常稱讚的？

這個部分指的是我們一般傳統認知的優點，有關這個部分大家可以多想一想，只要是從他人口中聽到的優點，都可以寫下來。例如：你很孝順、你很可愛、你很會存錢……都可以列入。**把別人常常掛在嘴邊提到的優點，統統寫下來，一個都不要漏。**

2. 有哪些事情是你會，但是周遭超過五個人不太會？

這個定義也很廣泛，就像前文提到過成功高中同學的例子，他會做羊毛氈手作，而這個手作他周遭超過五個人都不太會。大家可以仔細想想看。比如：自己很擅長人際關係，很容易跟別人打成一片，很容易交朋友，而周邊的朋友都比較害羞，這也可以算進來；或者自己會做木工，周邊至少五個朋友都不會；或者自己很會吃，吃的分量很大是個大胃王，周邊五個朋友都不像自己吃那麼多，這些都可以算進來……請打開你的思考腦洞，統統找出來。

3. 有什麼事情是你做起來比別人輕鬆、愉快的？

這部分的範圍更廣泛，事情比別人做起來輕鬆愉快，表示自己很擅長。例如：別人可能跑步很痛苦，你跑步卻很輕鬆愉快，不但喜歡跑步，還能把跑步當成冥想，利用跑步背誦英文、梳理事情，獲得健康與平靜；或者我有個朋友非常會睡覺，一般人可能一天只睡八九個小時，有些老年人經常失眠，但是這個年輕朋友可以一天睡超過二十個小時，這也是自己非常擅長的事情。請思考一下：有什麼樣的事情是你做起來比別人輕鬆愉悅的？

找個安靜的角落進行思考，利用面述三個導引，寫出並找到自己的「優勢話術」至少要有找出二十個「優勢話術」，這樣才能豐富你的武器彈藥庫。當這些優勢話術主題找出來後，要寫出具體事例。

以成功高中同學的羊毛氈為例，從「羊毛氈」這件事，可以盤點到「細心」的優點，這時需要再詳細說明為什麼是「細心」？舉例如下：

我個人非常擅長羊毛氈手作，我從高二的時候就開始做，我曾經利用一週的時間做出一個羊毛氈手提包，利用下課時的時間、每天回家書寫完功課的時間，包括六日的休閒時間，做出一個超過Ａ４大小的羊毛氈手提包送給媽媽當禮物。平常也會做一些小的羊毛氈杯墊送給姐姐。做羊毛氈十分療癒，需要花時間、需要耐心、需要專注，也代表我是一個非常細心的人。

這樣鉅細靡遺的描述，才是一個完整的陳述。現在就開始盤點你的「優勢話術」，一個一個的寫出來，如果你寫了二十個，那你就會擁有二十個可以放進人設資料庫裡的「優勢話術」，這些「優勢話術」就會是你的武器彈藥庫。

擁有了這些彈藥庫，要經常把它拿出來說，把它當成跟別人聊天的資料，別人一旦聊到手作品，可能就會連結到你。提到你的時候，可能就會說：「他是一位非常會羊毛氈手作，非常細膩、細心的男生。」這樣就無形之中把自己的人設建立起來了，這個人設是專屬於自己的，完全不需要、也不刻意的去編寫。

你的亮點人設，只需要靜下心來，細心挖掘。當你愈常與別人分享你的彈藥庫，別人也會適時的給予你反饋，在這些反饋當中，你的人設就會愈來愈凸顯，別人對你的印象也就愈來愈加深。

13 把「缺點」變成「精采」的翻轉故事

六年前，我開始投入表達講師的工作，當時常常思考：要怎麼樣自我介紹？我並非名門學府、超級學霸出身，雖然我經歷過的公司行號，在國內也算是知名，但相較於其他產業領域的人可能未必熟悉。我想：到底怎樣才能讓所有不同領域的人，都能夠對我的自我介紹感到印象深刻？於是，我設計了一個開場，相信只要上過的我課程的學員都會記得。一上台，我會問大家：「有沒有考過零分？」

開場即破冰

「零分」這個議題，會從學生時代數學成績表現特別差這件事情談起，然後一直延續到有關口語表達的部分。「零分」開場，讓大家覺得相當驚訝及特別，這個開場甚至能夠立刻帶起現場互動，引發大家來了解這個屬於比較自我深處的祕密。

怎麼有一個講師把自己這麼差的成績拿出來說？每個人聽了很訝異！我在各個公司行號，包括：台積電的內訓、金管會的內訓，在很多優秀企業高學歷員工背景的單位，都做這樣的開場。非常有趣的是，每次我一這樣開場，反而讓原本現場凝滯的氣氛破冰。

「零分」這件事對我來說是項缺點，可是當這個缺點被批露出來時，其實是一種深度自我的分享。大家會覺得：你竟然把自己最深的祕密告訴我了。既然有人願意如此敞開，那自己也可以放心不隱藏了。台上台下，一下子就親切起來，拉近彼此的距離。

這就是把缺點變成精采的翻轉故事。透過「零分」這件事，我可以好好充分的介紹自己：我就是一個數學成績不好，但口語表達能力極佳，得了很多即席演說冠軍，靠演講才能讀大學的人。**這樣的一個真實故事，更像是一個「英雄旅程」**。

所謂的「英雄旅程」方程式，絕對沒有萬事順利、什麼都順風順水一百分的模式。大家看電影都會喜歡故事跌宕起伏、出人意料，主角有特別使命與任務，必須接受許多考驗，甚至挫折、痛苦，這樣的故事才能引起別人的同理心與共鳴。好的故事其實都人生的真實縮影。如果美國電影《蜘蛛人》從頭到尾都很厲害、什麼事情都很順，故事肯定了無趣味。**「英雄旅程」的關鍵是，透過跌宕起伏的人生、努力不懈的奮鬥，讓自己人生更加精采！**換句話說，「英雄旅程」是我們帶給別人最多亮點的一種方式。

讓缺點成為人生轉捩點

很多時候，缺點才是真正的亮點。缺點代表的是，某一個跟主流世俗價值不太一樣的「特點」，重點不在於這個缺點是如何不好，而是現在的你怎麼會過得這麼好？

你現在能過得這麼好，表示這個缺點並沒有造成你的困擾，甚至你可能從這個缺點當中得到了很多的啟發。所以，你能把這個缺點翻轉過來，這個部分才是會讓大家覺得你獨特、厲害的一面。就像我講自己的故事，「零分」這件事讓我在升學時期很痛苦，但也讓發現，只有透過會演講的這個能力，我才能得到世俗的肯定。

如果你能夠把你克服缺點的過程編寫成一個故事，絕對非常精采。因為我們大多數人最喜歡聽到的就是：小蝦米如何翻身？危危欲墜的企業如何轉危為安？面對困難、克服弱勢，一向是為人津津樂道得話題。就好比說，一個原本學歷低只是工讀生的小妹，從人人使喚的位置，變成老闆想要交棒的人選？她如何克服低學歷的缺點？鹹魚大翻身，這個克服的過程，就是故事翻轉的精采之處。

大家應該都有看過《哆啦A夢》，我們會發現裡面的主角：哆啦A夢、大雄、靜香、胖虎、小夫，這五個人的故事逗趣可愛，主要的原因就是每個人都有自己鮮明的特色。如果大雄沒有糊塗、老出差錯、考試零分，哆啦A夢怎麼會想辦法救他？如果哆啦A夢不怕老鼠，怎麼讓人覺得格外好笑？我們之所以喜愛這些角色，就是因為他們像我們一樣，都有缺點。

怎麼樣把自己的缺點，變成一個一個精采的翻轉故事？請大家不妨好好的想一想，因為這會是一個很容易被大家記住、印象深刻的來源。

14

活用「動物園邏輯法」，規劃有效率的表達能力

如果給你一分鐘的說話時間，你會說什麼？

「一分鐘簡報」，這種情形其實經常發生在我們的生活中。偶爾搭電梯時，突然遇見老闆、跨部門同事或客戶，你該跟他們說什麼？如果老闆問工作的事情，你該怎麼回答才好？就算不是工作上的事，你要如何利用這短短的時間，來明確闡述自己想要表達的事呢？

「一分鐘簡報」牽涉到的問題，其實就是一般人最在意的這件事：我的邏輯好不好？邏輯能力，影響人生很多層面，最明顯的就是：我們能不能完整陳述自己的想法？而這個完整陳述，需要讓不同的對象，能有相同的理解。

邏輯表達的三架構

日常生活中，我們隨時隨地都在表達，最簡單的表達邏輯，你掌握到了嗎？

在我小學五年級的時候，就開始進行即席演說的訓練。那時，我學習的是一種「邏輯架構」，我得在半小時內形成一個四到五分鐘的演講稿，然後上台演說。邏輯變得很重要，如果沒有邏輯，很難把演說內容完整的呈現出來。當時我所使用的就是「動物園邏輯法」，這個架構非常簡單，我希望大家都可以學起來。

首先，我們必須知道所有的表達邏輯裡，一定具備三個流程：開場、內容、結尾。這三個流程，不管是文學小說創作、電影戲劇腳本，都必須涵蓋。只要是在一個既定時間內要進行的完整表達模式，都必須具備這三個流程：

開場：讓對方有興趣聽下去

開場要讓對方感興趣，這樣大家才會準備聽、準備收看。該如何開場？最好是讓大家產生「好奇」。不管是一個兩三分鐘的短講，或是長達兩三小時的電影，給人好奇感受，才能讓聽者或觀者繼續看下去。

開場是一種熱身，讓大家有個默契，知道接下來要準備開始了。開場是一個破冰的狀態，當彼此都不熟悉，如何開啟交流？開場就賦予破冰、接下來要互相交流的一個條件。

內容：最重要，需要強力敘事

內容是在整個表達邏輯架構裡，分量最重、花費時間是最長的。內容是整個表達邏輯當中「主述」的部分，需要強力的敘事，好比說：老闆問你最近的案子進度如何？你開了場，表示進度有點延遲了，老闆有點訝異，之後，你必須說明為何延遲？補救的做法？如何對應客戶對於延遲的反應？……這些都屬於內容的部分。透過內容陳述，讓老闆能夠清楚理解或達成共識。

結尾：不只結果，更要達成功效

結尾，就是我們整個邏輯表達結束的地方。結尾有一個最重要的功用，我們稱為「結束驅使」，英文說 Action（行動）。

表達溝通結束之後，對方有沒有行動？有沒有讓對方記得最後到底要做什麼？或引發後續的行動？這些都要在結尾這裡來進行。所以，**結尾不只是結束，更重要的關鍵是：後續的延續**……整個表達過程裡，有沒有達成什麼樣的功效，都會在結尾發生。

理解表達邏輯基礎，不管是一分鐘在電梯遇到主管、今天要準備一個三十分鐘左右的簡報，或是對外有一個一小時的演講，在這些既定時間約束範圍內要做的表達溝通，只要記得要走完這三個流程：開場、內容、結尾，就會是一個完整有邏輯的表達。

動物園邏輯法

但是只知道流程，沒有表達技術，還是產生不了效果。如何產生效果？下面教大家「動物園邏輯法」。

孔雀般的開場

以開場來說，必須吸引他人注意。請問：有什麼動物會突然吸引所有人的注意？

答案是：孔雀。孔雀平常很低調，但是關鍵求偶時刻會展開非常鮮豔、絢爛、巨型的尾巴，一下子吸引了在場所有人的注意。孔雀開屏總讓人目不轉睛，這就是我們要的開場效果。**開場要像孔雀一樣創造氛圍，讓人願意傾聽。**

熊貓般的內容

然後是內容，內容是溝通表達中占據時間最長、分量最多的段位。現在的人，注意力都不是很集中，所以內容一定「切中要點」。你到底要說什麼？**只要進行重點分類，把要詳述的重點依序呈現這樣就可以了。**

所謂的「切中要點」，其實就是內容要注意的事項。想想看，動物園裡有哪一種動物的毛色實在太清楚了，一看就可以辨認出來？

答案是：熊貓。熊貓的毛色是大塊的黑和白，就像我們**表達內容時，段落清楚、條理分明、重點切要。**

獅子般的結尾

最後是Ending，表達了之後，要知道對方是否有接收到我們的資訊之外，也希望他聽完這一段表達，能帶出怎麼樣的回饋？結束希望對方有所行動，哪一種動物一出現，大家就會立刻採取行動的？

答案是：獅子。獅子一出現，大家都會立刻逃走。所以結尾可以用獅子來代表。

以上就是提供給大家一個簡單的「動物園邏輯法」，方便大家通過動物圖像去記住如何串起出完整的表達邏輯：**孔雀開場、熊貓內容、獅子結尾**。

請大家要記住，所有的表達都是為了要有效果：

- **孔雀般的開場**：為要吸引他人注意，方便進行下一步交流。
- **熊貓般的內容**：在又長又占時間的表達中，條理分明、切中要點，幫助大家接受資訊。
- **獅子般的結尾**：以結尾強而有力，讓大家有所行動。

大家習慣這樣的表達邏輯之後，不管在任何時間、任何地點，都能夠讓別人一下子就把你想要表達的東西，聽得非常完整及清楚，並且出現效果。

15

釐清「表達的三個挑戰」，對症下藥來說話

疫情間或疫情後，我們養成一種生活習慣：「跨螢幕」、「多工多螢」。這是什麼意思？

所謂的「跨螢幕」、「多工多螢」，意思是說，平常我們除了使用智慧型手機之外，每個人可能同時間還會用到電腦、平板、電視、耳機等跨螢幕、多功多螢的工作或生活方式，例如：正在運動又正在看電視購物、正在打電腦、用耳機聽音樂，還不時的在滑手機。

「跨螢幕」、「多功多螢」的生活習慣，很有趣的發生在我們生活周遭。會出現這種生活習慣，其實也是因為我們目前的生活非常仰賴 3C 產品。我們需要這些工具來輔助生活，平常要接收郵件、查詢資料、訂購商品都需要用到這些工具，這也使得我們收到的資訊流量變得非常龐雜，多元且快速。

每個人每一天接收的資訊都非常密集、龐大，每天花在解讀資訊上的時間也很多，所以，在進行表達溝通的時候，講說者必須要有幾點認知：

表達的受眾，其實是一群注意力渙散的對象

這也包括我自己在內，身處 3C 時代，我們的注意力非常容易被轉移。你會發現：台上正在簡報，如果講者音調太平、沒有手勢，台下的人注意力很容易就飄走；如果講者的詞彙太簡單、太輕盈、太普通，傳遞出來的資訊沒有感受度，台下的人注意力也很容易飄走；如果講者的綜合資訊重度不夠，聽不出這個資訊的力度，台下的人注意力也很容易飄走……**我們處於一個注意力很容易渙散的時代**。

感受一下你的周遭場景：當你跟朋友坐在咖啡店聊天，他一直在講某件事，你會不會突然眼光轉向別桌，想看看別人在吃什麼？什麼情況下你很容易拿起手機開始滑？如果有這些表現，這就表示對方所講的內容，引不起你的注意！

表達時，我們一定要有認知上的共識：對方能不能在具有注意力的狀態下，有效接收到我所傳遞的資訊？

檢視自己的表達，是否會讓人有認知負擔？

什麼是「認知負擔」？講白一點就是：對方聽完，到底懂不懂？表達最基本的條件就是要有效果。我們能否把資訊完整的表達給對方是一回事，對方聽不聽得懂是一回事。可能有人會認為，現在資訊這麼密集、接受資訊很快、不懂的部分 Google 查一下就可以知道了，說是這樣說沒錯，但是在接受資訊的時候，如果還要 Google 查詢，多了查詢的這個動作，其實就表示對方在接受你所傳達的資訊時，「共鳴點」比較薄弱。

溝通當下最好的狀態應該是：立刻理解。如果不能「理解」，就別想期望對方會有「共鳴」，沒有共鳴更別希望對方會「認同」。

會出現「認知負擔」最明顯的狀況常常是我們使用的詞彙。我們喜歡使用自己熟悉資訊的詞彙語言。在傳遞時，只顧到自己語言的舒適圈，沒有考慮到接收的聽眾到底能不能理解？

這種情況通常會發生在公司的跨部門會議，或是與專業跨領域的客戶溝通時。講者會很習慣的用自己熟悉的工作術語闡述，而忽略對方是不是聽得懂這些專業的慣性用法。

我們應該設身處地去考慮對方的工作和生活經驗、思維模式是不能夠對接？一股腦用自己所知道的專業詞彙講說，或許有人會覺得這是一種專業表現。但我以前常常碰到的外商客戶，會議中很喜歡用一連串的英文專業術語，如果在場的人英文程度沒那麼好，基本上整場會議下來會很容易造成「認知負擔」。**一旦無法理解對方的語言，當然就很容易產生誤會，結果就是造成溝通落差。**

還有一種情形，是自己講的口沫橫飛，但對方並沒有很進入狀態。有時對方就只是禮貌性的傾聽，並沒有很熱情投入，這就表示可能已經產生「認知負擔」了。**一旦產生「認知負擔」，對方就很容易把這個資訊歸類為「無效資訊」**。

現在的閱聽習慣已經改變，大量的資訊接收很容易轉移我們的注意力，加上這些資訊大多偏向影音視頻，除了文字，還有音樂、旁白、特效……我們對於資訊接收的「耐受度」愈來愈受到考驗，不但注意力不容易集中，也容易產生「認知負擔」。

線上線下表達行為不同步

所謂的「線上」，是指發生在網路上所進行的溝通場域。「線下」，指的是實體的面對面接觸。疫情養成了大家線上溝通的習慣，公司會議多以線上方式進行。

「線上」的第一個優點是：不需要表情管理。很多時候公司不會強制要求大家開螢幕，所以不需要像以前那樣梳妝打扮、也不需要注意自己的穿著形象。

「線上」第二個好處是：不太受到臨場反應的影響。線上並不會很清楚對方的實際情形，有時斷線再連線，別人也可以理解。就算是使用 LINE，也可以「已讀不回」，避免掉需要立即回覆的機會。

久而久之，我們習慣了「線上」溝通的模式，不太需要臨場反應去應對，總有時間差可以讓人好好思考，更不太需要用到表情管理。「線上」溝通，可以稱的上是表達溝通的舒適圈。

但是疫情過後，我們發現，實際接觸還是會讓人產生較大的信任度。「線上」溝通只能做為一種輔助，或是在某些狀態下的一種慣用模式，還是無法替代線下的實體碰面。我們還是需要去拜訪客戶、跟同事面對面溝通，這時，就會直接觀察到對方的非語言表達。**線下是沒有緩衝機會的，任何一個直接表情和回應，都會讓對方第一時間接收到，所以很多人無法適應，也反應不過來。**

我以前有位在媒體工作的同事，總是臭著一張臉工作，甚至他的任何動作，都會大到產生噪音，比如：拿資料、用影印機，有時因為聲音巨大常被人誤會是帶著怒氣工作。經過三番兩次的勸阻，他依然故我，認為他的工作專業並沒有因為表情嚴肅或行為粗魯產生噪音而降低效率，他認為不需要任何調整。結果，他的年度考績果真被打差評，因為他影響了公司整體的工作氛圍。

這個故事是要提醒大家，非語言的溝通，其實是一種非常細微的表達，它是透過表情、行為舉止，帶出一種溝通方式。**也特別要提醒大家：如果你的線上溝通，是處於非**

常自在的狀態，那麼在線下溝通，也要有辦法取得同樣的狀態，以便平衡自己真正的溝通力度。很多人在線上能侃侃而談，在線下就變得語塞啞巴。

溝通表達之前，我們先釐清自己的受眾是不是具有前述三種特性？針對這些特性，溝通時就比較能精準無誤的將想表達的資訊，屏除障礙，順利且有效的讓對方接收。

16 掌握正確的「說話態度」，而不只是說話技巧

很多人問我：「**說話的技巧比較重要？還是說話的態度比較重要？**」大家覺得哪一個重要？身為口語表達教練的我，會認為兩者都重要。

但有一件事必須提醒大家：在大多數情況下，我們是被「感性思維」操控。我們對一件事情的喜好與好感，多半是先感性，之後才用理性思維去判斷及評估。

《快思慢想》（*Thinking, Fast and Slow*）這本書的作者丹尼爾．康納曼（Daniel Kahneman）是二〇〇二年諾貝爾經濟學獎得主，根據他對人類思考的理解，結合畢生的心理學研究，他提出人的思考可以分為兩個系統。系統一是「感覺思考」，系統二是「理性判斷」。以進麵包店為例，如果你經過一家麵包店，想進去買麵包，究竟是先聞到麵包香而想買麵包？還是看到店家門口掛著「有機麵包」才想買麵包？

系統一是「感覺思考」，聞到香味而想買麵包。

系統二是「理性判斷」，看到招牌才想買麵包。

根據《快思慢想》的思考邏輯，我們其實是因為聞到麵包的香味才進去的。因為嗅覺先被啟動，引發了衝動想進去買麵包，之後看到門口招牌又寫「有機麵包」，更加確定了想買麵包的想法是對的決定。

以這樣的思考邏輯來推演，我們發現：有很多時候我們處理事情，其實就是一種日文所說「きもち」（感覺）的問題，就是「情緒」的問題。大多時候，我們都是憑著感官，先有喜歡、欣賞，或是覺得氛圍是OK的、理想的，才有可能進一步出現理性分析，進行理性思考。

所以再回到這個問題：「說話的技巧比較重要？還是說話的態度比較重要？」**正確的說話態度所帶來的效果，有時候會比說話技巧好不好帶來更大的影響力。**

感性大於理性的三種狀態

以下三種狀態，更能讓大家明白，為什麼說話表達時，要掌握感性大於理性的態度：

傾聽的態度，是氛圍的來源

在溝通表達裡，非常需要被滿足的一塊就是：傾聽。**八〇％的人都有被傾聽的需求，希望對方可以多聽自己說**。透過被傾聽的過程，說話者感覺到自己備受尊重；透過被傾聽的過程，說話者會認為對方有很大的誠意，願意接收自己所表達的想法或意見。

所以，**當你覺得自己跟對方的距離比較疏遠，最好的辦法就是：「提問」**，先丟出一個問句，讓對方回答，自己傾聽。從傾聽的過程中，讓對方感受到自己備受尊重；從傾聽的過程中，讓對方感受到你的貼心和誠意。

當對方真正暢所欲言，說出自己的想法，我們就可以聽出對方的觀點與主張，然後在氣氛軟化的時候，進一步溝通連結，拉近彼此距離。

傾聽的態度，是我們從說話態度上可以創造出來的。

懂得傾聽，在溝通表達裡就能如魚得水。多數人都需要被傾聽，當這個需求被滿足之後，當事人的心情就會出現比較和諧、放鬆的狀態，自然而然卸下了許多心防與戒備。透過聽的過程，我們可以了解並掌握對方的想法及態度，然後給出比較精準的回應。

理解的態度，是共鳴的力量

常常，我們的表達都是為了說服對方，事實上，「說服」這二個字，聽起來太過強勢，好像只是想讓對方接受自己的想法。

真正好的溝通，是讓對方處於一種甘願的狀態。也就是說，他對這件事情心有所感，是真正的心悅誠服。要做到這點，我們的說話表達就要打到對方的痛點，讓對方有所共鳴。

怎麼樣讓對方產生「共鳴」？**首先要展現的就是「理解」**，也就是說，當我們提出一個意見的時候，需要先理解對方目前所處的狀態，或者對方的考慮所在，與我們的提出話題是否有連結？

理解的態度，其實就是創造連結的方式。展現理解，就是希望跟對方產生連結。連結這件事是雙向的，不是單向只是希望對方照著自己的意思做。能夠感同身受，對方才能真正的從心裡對你所提出的事情產生共鳴。一旦共鳴開啟，才有可能認同，出現認同，才有可能合作，這正是溝通裡面最好的雙贏狀態。

肯定的態度，開啟合作的可能

我們一定是覺得對方不錯，才想要跟對方合作。合作是一種資源共享、資源分配的動機。但是當我們想尋求合作的時候，應該需要怎樣的一種態度？

一定是先肯定了對方，才有能夠談合作啊！所以**合作的關鍵是：肯定。因為欣賞、肯定對方，對方也才會願意在你的肯定之下，釋出資源，願意全力以赴的共創、共贏、共好。**

但是大家有沒有發現，商場經常出現一種現象：用一種挑剔的態度對待合作方。

我就經常聽到別人這樣說：「你這樣不行啊，便宜一點這樣以後坐下來談才會比較順利……」、「要這樣改，這樣之後才可能有合作才比較有意義……」大多數人是用一種「我就是要挑剔你」的態度來促成未來的合作。其實，這是一種自相矛盾。

不欣賞對方為什麼要尋求合作？**光把合作掛在嘴邊，卻展現挑剔的行為，其實無法讓未來的合作對象感受到肯定的力量，也會讓對方對於未來的合作契機產生懷疑。**如果真的硬要合作下去，就會發現：在合作的過程中，出現非常多溝通的問題，可能也沒有非常好的結果。

很多人抱著「好啊，就沒辦法，我要賺這個錢啊，那我們來合作看看……」或是「沒關係啦，不然我們就互相支援交換看看……」這種試試看、勉強、妥協、將就的態度與合作心態，多半就會產生可有可無的勉強結果。

不同於肯定的態度，能讓彼此合作朝向正向發展，結果常常出奇不意、讓人驚喜！

開啟一段感性交流

前文談到關於說話態度的重要性，也是溝通表達時需要掌握的三種說話態度。大家一定要記得：**感性的滿足讓人舒適，也讓事情進入理性探討的時候，進行的比較順利**。

有時候事情發展出乎意料：為什麼對方學歷也不怎麼樣，可是就面試成功了？也許正是因為他跟面試官在某些話題上一拍即合，聊得很開心。簡報明明準備了二十頁，但做簡報時，客戶沒把簡報聽完，反而只是聊天，最後竟然還拿到案子？也許就是客戶在聊天的過程中，感覺是好的、喜歡的。以前我有位同事寡言內向、擅長傾聽，可以聽客戶發牢騷三個小時，這三個小時當中他能開口的機會很少，他只是很充分的給予客戶支持、認同，沒想到三個小時後，他拿到一筆將近三十五萬的廣告預算。不要懷疑，事實就是這樣：**感性大於理性**。

重點真的不在於理性思考。談任何事情前，先讓彼此體驗一段感性的交流。先把注意力放在對方身上，當自己和對方能夠達成某些共鳴的時候，再開始進行理性論述，這會讓我們的表達更能夠達成所期待的。

17 用「專注傾聽」，打造滿分的人設魅力

前文提過，傾聽的態度，是氛圍的來源。

傾聽這件事，在溝通表達裡超級重要。之前提到過，有八〇%以上的人需要「被傾聽」。如果你能夠做到「專注傾聽」，從感性層面來看，已經給對方一個比較尊重、貼心、舒服的感受，從理性層面來看，你得到的資訊會比較精準，並且能夠透過資訊接收，進一步理解對方的想法，然後給出一個更符合對方需求的回應。

所以**我常常說「專注傾聽」是一個資訊蒐集的過程，我們的表達如果要非常到位、俐落、不講任何廢話，其實跟你有沒有做資訊蒐集有關**。

常常有人問我：怎麼讓自己表現得比較有魅力？讓別人跟我聊天後感到滿滿的收穫？甚至對我產生好感？

這個部分的操作，絕對不是一直講話。要怎樣展現魅力？首先，一定要給對方一個

非常舒適的互動氛圍，學習「專注傾聽」，把這個舒適的聊天氛圍創造出來。話說太多的人會有幾種危險：

違反了人性在溝通表達上的傾聽需求

你需要做的只是傾聽，讓對方能夠好好說話，而不是自己滔滔不絕。話太多的人很難意識到：是不是對方想要聽的內容？有沒有造成認知負擔？自己講得很爽，不知道別人的狀態，這是很危險的一種溝通方式。

言多必失

我們常說「言多必失」，在沒有精準蒐集到對方資訊的狀態下，只是一味不斷的表達，孤注一擲只投射自己想說的話題，不一定能夠投對方所好。

很多時候在社交場合、派對、飯局裡，我們可以發現，真的會讓人感受到想要持續聊天、想要待在他身邊久一點的人，通常不是整場一直開大話題，口沫橫飛、左右逢源、主導權很強的那個人。這種人會讓聽者產生壓迫感，被迫一直要聽他說話。

在社交場合裡，比較容易讓人留在身邊、想待在一起的，通常是比較願意聽你說話，或者兩人是在一個比較有平等對話的狀態下，彼此才可能願意接近。

我特別想提醒大家，要注意「專注傾聽」的外顯行為：

雙眼有沒有專注凝視對方？

眼睛，是「靈魂之窗」，「靈魂之窗」有另一個定義：很多的情緒表達！

在生活當中，如果沒有視覺，會出現很多障礙。而一個人的整體精、氣、神，從眼睛是最容易看出來的。**所以，要讓對方感受到自己正在「專注傾聽」，那個眼睛和眼神，具有更高的傳導性。**

當然，這不是說你需要死定著對方看，而是當對方說話時，你很願意用你的眼神去「接」對方的眼睛。所謂的「接」，意思是你能用眼睛去表現出讚賞、好奇、同意……讓對方能夠很快的跟你產生連結。眼神表達，是「專注傾聽」最快也最基本的外顯方式。

眼神專注，無形中也傳遞出一種勇氣。

我在補習班幫高三升大學的高中生進行面試輔導時，會發現年輕人的眼神飄忽不定，不太敢正視眼前的人。遇到這樣的年輕人，我都會特別請他們回去好好練習，因為在面試的場景中，如果眼神迴避，會讓面試教授對你產生不自信的感受，或者一些年長者會覺得有不被尊重的感覺。

有沒有強而有力的小動作？

在「專注傾聽」的過程當中，能不能夠用「微點頭」去展現「認同」？或是用所謂的「微皺眉」方式來表現「疑問」？

之所以會特別提到「認同」和「疑問」，是因為這二個小動作，**會在整體對話的互動當中，對表達者所釋放出來的內容產生肯定，同時也是一種支持的力量。**

很多人在聊天的過程中是需要被鼓勵的，可能就因為一個小小的點頭動作，對方更願意揭露更多的資訊，或者就受到了鼓勵，於是可以跟對方有更多機會、更深入的交流，這就是「認同」。

為什麼要有「疑問」？人與人交流，並非只有單向的認同，會出現意見的討論，如果真聽不懂對方意思時，不需要裝懂，只要露出稍微皺眉的表情就好。你可以通過一點表達疑問的方式，讓對方知道其實你很在意他講的東西，對於他講的內容，你是很專注地聽，聽不懂的當然會想要解惑，透過微微「皺眉」方式來表現「疑問」，讓對方告訴你這件事情到底是什麼意思，當你有這樣一種態度，反而會讓對方覺得很認真、有投入。

透過「微點頭」表現「認同」，或者是「微皺眉」表達「疑問」，都會讓對方可以真誠地感受到你在這段對談裡，投入與付出的一種態度。

兩手放空不拿手機

基本上，現在大家是智慧型手機不離手的。我會特別提出這一點，就是因為現在很多人在跟人家講話的時候，手機是握在手上的。**雙手淨空，是一種非常積極的傾聽行為。**

你有沒有想過：手機握在手上給人的感覺會是什麼？是不是好像隨時要把手機拿起來滑，或是接電話？是不是表示很忙，隨時要看手機？這實在是一個很有趣的小細節。

雙手，是準備要做某些動作的預備位置，兩隻手都不拿任何東西，就表示不做任何動作。「專注傾聽」時，如果兩手放空，不拿任何東西或是做任何動作，甚至把手心朝上，會更讓人有信任感。

試試看：當別人兩隻手空下來不握手機，自己有沒有覺得，對方已經全然地把這個時間交出來，想要認真的聽講？再試試看，當自己把兩隻手空下來，別人是否更能暢所欲言，盡情地跟你分享？

留意一下這些小動作，會讓你「專注傾聽」時，更能夠增加對方的好感度。

18 理解對方，培養「表達跨越力」

同理心，在英文中有句俗諺表達的很到位：「Walk a Mile in Her Shoes」，穿別人的鞋走一英里路，大家都知道鞋子是非常個人的，穿錯鞋子，腳丫子痛苦！溝通也是這樣，遇到不能溝通的人，真是有口說不清。

所以，遇到無法溝通的人，絕不能生搬硬套，否則就如削足適履，行不通的。這時，我們該怎麼辦呢？其實，當你可以試著就像是把對方的鞋子穿上去，去理解：呀！原來對方的腳是長這樣啊！

當兩人對一雙鞋的顏色、款式，都有一樣的喜好，但是一穿上就不同了。你有你的尺寸、我有我的尺寸，同樣的鞋，同樣的喜好，一穿上去感受完全不同，原來你的感受我感受不到？

缺乏「同理心」，很多時候會變成雞同鴨講，難以達成共識。在表達溝通裡，首先，得以同理心去理解對方，怎麼辦到呢？就要搭建一座橋，我們稱為「表達跨越力」。

這一座座橋，可以幫助你走自己這裡，很順利走到對方那裡，讓對方可以看到你，然後你也可以感受對方的思維。在建構「表達跨越力」時，要注意三件事：

注意性別

男女本來就不同，男女的思維方式也不一樣。性別是這個我們一眼就可以看得出來，也是表達跨越力最外顯的一個特徵。有一本書《男人來自火星，女人來自金星》（*Men Are From Mars, Women Are From Venus*）作者約翰．葛瑞博士（John Gray. Ph.D）用淺顯易懂的方式，幫助我們了解男女不同之處。

男女最大的一個不同就在於，女性更喜歡用說的方式去抒發自己的情緒，而男性則比較是躲在自己的洞穴中，自我調節思維。也就是說，男性不一定會把內心的想法都表達出來，反而是自我消化。

所以，當一個高度壓力出現時，男女處理的方式就不一樣了：男人傾向於集中注意力，孤立獨處，思索該怎麼處理；女人卻是需要找人，透過聊天、讓自己感覺舒服。好比說，在職場上，廠商的貨出錯了，如果是女職員，可能立刻會有一頓稀哩嘩啦的抱怨與牢騷，如果是男職員，可能是思考接下來該如何處理和賠償問題。

當我們意識到男女之間的不同，在溝通表達時，也必須有所調整，以便應對。

再舉一個例子，女性其實在表達上，不但重視過程，重視氛圍、也重視結果。最明顯的例子是發生在家中，當女兒週末要出門，爸爸可能只是問：「大約幾點回家？」媽媽就會問的更多：「跟誰去？去哪裡？去做什麼？……」**男性在乎結果，女性在乎過程**。

所以當你在職場上，如果遇到男性主管，可能對方比較希望掌握目前工作的進度與結果。如果遇到女性主管，也許你可以嘗試用不同的方式去說明工作上的狀態，除了進度、結果，還提供更詳細的資訊，例如：遇到的問題、解決的辦法……。

打到痛點

「痛點」，就是打下去立刻有感覺的比喻，說明馬上有感。「痛點」有兩個重點：一種是為對方解決困擾，另一種是為對方達成期待。

當你在表達的過程中，有沒有讓對方理解到，自己能夠幫對方解決困擾、煩惱。在職場上，我們常常需要跟跨部門溝通，溝通的痛點，可能就是能夠解決對方的困難。對方如果需要解方，就會比較願意聽從你的方案合作。這種溝通表達就是有打到痛點。

另外一種痛點的詮釋叫做：達成。你能夠達成他什麼樣的期待？或滿足？或完成什麼樣的目標？這也是痛點的另一個定義。

「達成」跟「解決」不太一樣。「解決」是減除什麼東西，「達成」是增加什麼。「解決」通常是比較負向的感受，感受到對方的困難、痛苦。而「達成」是正向的能量，去滿足對方的期待、心願或目標。

跨越一座橋，從自己到對方那裡，這種表達跨越力有極深的內涵，是否能打到對方的痛點，「解決」什麼，或「達成」什麼，以便完成溝通使命。

感覺對方的感覺

表達跨越力，主要的核心就是：**展現理解**。

你能不能試著去理解對方的感覺？能不能說出對方的感覺？

前文提過諾貝爾經濟學得主丹尼爾．卡尼曼提出的人類思考的慣性，大多數人在生活當中是比較偏向感性層面的思考。我們幾乎是先啟動系統一，也就是五感的感覺系統，然後才會用系統二，理性的思維進行判斷。

於是，感覺對方的感覺，在溝通表達裡就顯得很重要。也許對方跟你說話的時候語氣有點急，你就可以說：「我感覺你有點急，是不是還有事情要忙？」如果對方好像有點不耐煩，你可以說：「我感覺你好像有點焦慮，是不是有什麼事情我可以幫上忙？」**說出對方感受，就是一種跨越**。

當然，也許你說出來，對方會否認。「哪有？我沒有啊！」這時你可以嘗試說：「只是我的感覺」表達出你有感受到對方的某種狀態，這是一種貼心的表達。

但是，請記得，千萬不要帶著批判的態度，不能說：「你感覺好像很生氣，是在對我生氣嗎？」或是「你似乎對這件事情很不滿？」帶有批判的表達，容易挑起爭端，對達成溝通毫無助益。

感覺對方的感覺，純粹只是和對方建立起一種可以距離更近的方法，讓對方知道我們是理解的，只需要說出對方的感覺，不帶任何批判，讓對方感受到你是有感受的，是關心的、貼心的。

先感覺對方的感覺，再看看要不要延伸到理性的討論，或者可以先處理一下感覺上的認知，唯有先理解對方期望的，之後的表達才能到位！

培養「表達跨越力」的三種方式，大家會發現，對象的感知其實是非常重要，表達並不是我們強制給別人一個既定的主觀概念，就能夠完成彼此之間的溝通目的。而是要多放點心，**甚至要放八〇%以上的心在了解對方、剖析對方、感受對方**，如此一來，表達才會是一個雙向達成溝通共識的狀態。

第 4 章

破解人人都困擾的表達情境

我們可以想像，未來不可能像過去一樣，一份工作可以一成不變做一輩子。標準化工作都容易被機器自動化，而非標準化工作，一般都意味著大量不確定性，需要不斷磨合、團隊協作、溝通、修改、隨機應變、相互妥協。例如：一個節目拍攝團隊，一些形成慣例的拍攝方式可能可以自動化運行，一些基礎腳本和服務工作可以每期交給ＡＩ，但是每期節目仍然需要大量現場臨時調整、參與節目的來賓溝通、節目本身的創意溝通、人與人協作。

這些仍是有賴人本身自己的表達能力，才能應對得宜。

19 自我表達：如何放心「說自己」？

我發現，很多人就是沒辦法好好地「說自己」。

說自己就是「介紹自己」，在許多重要的場合上幾乎都會用到，例如：求職面試、升學考試，當別人要求你做自我介紹，你會怎麼「說自己」呢？

要在不同的社交場合中，讓別人以最快的方式認識你，或以最短的時間讓自己去融入對方的生活圈，就是「說自己」。

「說自己」是最好最快連結彼此的捷徑。但很多人對「說自己」有些不放心？為什麼會不放心說自己呢？主要的原因是：對自己不夠自信！

不夠自信的人常常會自我懷疑：講自己的事好嗎？我的事真的有人想聽嗎？我這樣說自己能帶給別人收穫嗎？也或者，有些人是對自我揭露感到難為情，想保護自己的隱私，說自己的事總有些顧慮，所以沒辦法敞開心扉。當然，還有一種可能是：到底要說什麼，實在是完全不知道……這種人是根本不認識自己。

想要放心「說自己」，涉及三個層面

人設：個人品牌的標籤

也就是我們常常說的「個人品牌」。

自媒體時代，人人都需要自我行銷。如何把自己的人設做的明顯到位，就能讓別人更加清楚你專擅在哪裡？比如：台灣非常有名的世界麵包大賽冠軍吳寶春師傅，他的圖像人設是：一個帶著烘焙師帽子、忙碌教大家揉麵糰的師傅。他的個人品牌傳遞出一種訊息：做麵包我最厲害！

又好比一群人在開會，如果眼前有個人被介紹是資訊工程師，可能大家下意識就會覺得他不擅言詞，因為工程師給一般人的既定印象是：不大喜歡說話，每天坐在電腦前。由此可知，「人設」非常重要。

「人設」就是一種標籤，很多人不喜歡被貼標籤，但有時，標籤很重要，因為標籤能夠讓別人對自己產生「記憶點」，這個記憶點可以讓人獲得某種共鳴或感受。**想要放心「說自己」，就得先清楚「人設」，找出非常明顯的自己，用「人設」自我行銷。**

利他思維：有哪些資源可以幫助對方

我們可以用「利他思維」來「說自己」。

「利他思維」就是讓別人知道，你這裡有資源可以幫助到對方。人跟人之間的溝通交流，其實都是一種資訊交換或資源理解。所以當你可以告訴別人自己正在做什麼樣的工作、擅長哪些能力、有哪些資源可以幫到對方……以這樣的角度就會與他人快速連結。我們常說，施比受更有福，當你給予對方資訊的時候，其實也可能從別人身上得到自己意想不到的回饋，回饋不論批評或好評，相信都能夠為自己帶來不斷地改進與鼓勵。

用「利他思維」來說自己，就是打通人與人之間的連結。這種連結，會讓人感受到來自於自己的誠懇態度，你告訴我有關自己的資訊，我當然也會比較願意透露我的資訊，如此一對焦，彼此之間的資訊互動就出現了，後續的情感交流也會比較充分。

獨特的自己：容易被記住、被看見

我們需要的獨特的自己，才能夠放心「說自己」。

我曾經到一所高中女校演講，面對一群可愛的高中女生，其中一位很特別，當我問大家都喜歡宮崎駿作品裡的什麼角色時，龍貓、魔女宅急便、神隱少女小千……比較可愛的角色一一出籠，但有位女生說，自己喜歡《神隱少女》這部動畫電影裡的「無臉男」，她每次跟別人分享時都很害羞，因為別人都會覺得她好奇怪，怎麼會喜歡「無臉男」？但就是因為這樣，我記住了她。會喜歡「無臉男」的女生很獨特，事實上「無臉男」市場上出現很多ＩＰ公仔，的確在市場上也十分受歡迎，只不過喜歡的人可能男性偏多，女生會喜歡，就顯得獨特。這種獨特，如果能夠很放心呈現出來，就會令人難忘。

「獨特」這件事情在現在這個時代是很重要的，因為擁有獨特性，才容易被記住、被看見。當然，**獨特並非特立獨行，非要去做一些很誇張、不是一般人會做的事，獨特是當你關注自己，注重自己的特質、成就與抱負，自然而然的嶄露出一種非自己莫屬的獨特性，就像有些人手很巧、有些人歌喉很好、有些人很會打三分球……。**

亞洲社會往往有許多的框架或邊邊角角，認為要跟別人一樣才比較安全，跟別人不一樣好像就比較怪。事實上，西方文化就是因為推崇個人獨特性才慢慢形成了繁榮盛世。過去的美國，大家都說是大融爐，美國之所以強盛，正是因為它把全世界最優秀的人都吸引到了團結一起，才創造極大的成功，成為世界第一強。如今沒有了過去的團結意識，加上種族歧視，使得這個大熔爐慢慢瓦解。

每個人活在這個世上，都是獨一無二的存在。在與他人交流的過程當中，其實也就是在展現自己的存在與價值，體現他人對你的共鳴。人與人的連結，會因為記憶點的程度而有所調整，也因此會決定彼此之間的親疏距離，所以能夠放心「說自己」是一個非常重要的功課。在這個時代，要勇敢、大方的去感受自己的價值，展現自己的獨特，放心「說自己」。

20 自我表達：如何表現「企圖心」？

「表現企圖心」其實是跟你整體表達的語氣、內容是有關係的，要如何表現企圖心？有三種方法大家不妨記下來：

語氣有「積極感」

什麼叫「積極感」呢？積極感具備幾個條件，首先，你的語氣要大聲，大聲不是用吼的，**大聲的意思是：必須讓聽的人聽清楚，聽到你的音量，聲音飽滿宏亮，這是有積極感的聲音。**

這種聲音有精神，有精神才會讓別人覺得自己對這件事情是認真的。另外，語氣要堅定，堅定的語氣不會出現奇怪的狀聲詞，比如：呃……喔……嗯……哦……不會給人這種非常飄忽的語詞。大家有沒有遇過那種講話沒有什麼精神的人？回答總是漫不經心：「哦……呃……看看吧！」遇到那種人，是否感覺對方的語氣不果敢，不會認真好好投入？

減少「無力語言」

什麼是「無力語言」？「無力語言」包括：呃、大概可能、應該吧、好像……這些都是「無力語言」。要真正要表現出企圖心，展現自己有一定的自信，所用的語言都要是肯定的，好比：沒問題、對、就是……或者如果真不確定，可以回答：**根據預估、以過去的經驗判斷……這樣是比較有利的言語**。「無力語言」是一種遲疑感，讓人感覺自己不太有能力。常常說：大概、應該吧、可能會喔……實在讓人聽起來讓人無力並產生疑惑：「這人到底行不行啊？」

對焦「現況資訊」

什麼叫「現況資訊」？就是盡量講發生愈近的事情，不要講過去的事情，也不要講還沒發生的事情，或很久以後才可能會出現的事情。過去的已過去，未來的還未發生，不要一直講去年如何？大前年如何？真正要表現企圖心，就講眼前，今年，接下來的事情。如果要講不久的未來，除非有很詳盡的評估，不然未來實在難以預料。

聚焦也用在工作議題上，比如是在聊對工作的看法，就盡可能不要聊到對愛情的想法，這樣就失焦了，也容易引起別人懷疑你的意圖與起心動念。如果老闆問你業績數字，不要突然就岔開話題跟老闆提客戶想法，業績數字跟客戶想法沒有直接對應，簡直是答非所問，讓老闆氣急攻心。我們說話要能夠把話題聚焦、對焦現有狀態，這是表現企圖心的一種方式。

企圖心能帶給別人信任感，讓別人認為自己已做足準備，已處於準備行動的狀態，所以語氣上必須聲量飽滿、堅定口氣具足。如果能隻字片語裡透露出自信感，「有利語言」拿捏特別重要，無力語言愈多，大家愈沒信心。最後，**內容一定要對焦，主題不能模糊**，一旦模糊就讓別人以為自己在聲東擊西、故意心虛打岔，顧左右而言他，或抓不到重點……試想：一個連重點都抓不到的人，怎麼可能把事情徹底落實完成呢？

21 自我表達：如何把「缺點」說成「經典」？

你是怎樣的人，你自己一定知道，只是你沒有深挖。永遠記得一件事：你這個人並不是由那些不了解你的人來定義！很多的時候，**你的缺點其實就是你的經典**。

以我自己為例，我蠻喜歡說出自己的缺點，每次在公開授課或演講時，我都是以自己的缺點作為開場白。**當我以自己的缺點作梗的時候，台下聽眾或學生都特別有共鳴**。我都會先用數學成績在高中時考零分作為開場，不管是到學校演講，還是到上市上櫃的科技公司，我都喜歡用這個梗。為什麼？因為當我這樣一說，大家馬上會對我降低防禦機制，而我這樣一個講台上發亮的老師，竟然會在大家面前講出這麼特別的一個考零分的不堪過去，馬上台下聽眾就跟我拉近距離。

能夠自在的把缺點說成經典，就能讓自己在人際交流上、工作上出現意想不到的表現：

先「深度」的「自我揭露」

說出缺點這件事，本身就是一種「深度」的「自我揭露」。深入自我揭露，容易讓人印象深刻。大家通常會願意給努力奮鬥的人、辛苦的人各種鼓勵和同情，一產生共感，人際共鳴就出現了。

試著回想一下，我們常常看到電視新聞報導的名人，如果媒體只是一味歌功頌德，提到他有多少獎項、多幸運嫁入豪門、財富多風光……是不是，頂多也就這樣翻閱過去了，知道這個名人很有錢，但其他的記憶就不是那麼深刻鮮明。但是，如果對方說出自己童年曾遭到重大挫折，比如是九二一大地震倖存者，是不是就馬上引人注目，想深入探究一番？就像大導演李安，曾經有六年的時間都是無業人士待在家裡，經濟完全靠老婆，這件是幾乎每個人一看到就特別難忘，為什麼？哇！這位世界級大導演竟然有這樣的過去，他竟然願意揭露他過去這麼難堪的過去？表示這個人是一位非常坦然、積極勇敢的人，他在最風光的時候做這種深度自我揭露，著實讓人印象深刻，原來今天站在全世界電影產業這麼棒的一個人，也曾經有這麼辛苦的地方，瞬間就拉近了觀眾對他的認知距離。

把辛苦的過程說成一段經典的旅程

其實，我們的人生就是一下上坡一下下坡的一種起伏過程，一個人不可能永遠都在頂點上，上行到最高之後就是下行，只是在高峰停留的時間多久而已。當跌落神壇之後，又可能會從谷底再慢慢爬起來，所以**每一個缺點的背後，都代表一個翻轉的過程**。所以細細地去想，你有哪些缺點？這些缺點如何讓你看見自己的不足，進而面對改進，翻轉成優點，造就了自己的旅程終點！

比如我就是用很簡單的方式，告訴別人我雖然考了零分，但是我竟然比其他同學還早半年進了大學，這就是一個翻轉。大家開始好奇我是怎麼翻轉的，於是我得講一個翻轉的過程，這個翻轉的過程就會是成為經典的必要。

我們要明白，人不會一直永遠都考零分，李安導演也不會永遠都待在家裡找不到工作，所以每一個人從谷底翻身時，或是每一個人都從自己的缺點裡去尋找到那一個生存的極致，那個瞬間的翻轉，就會是精采的經典！

把翻轉的那一瞬間講出來，遇到了什麼機會？如何掌握住那次機會？過程中誰幫助了自己？人、事、時、地、物交代清楚，這個故事就會變的十分精采。

要用「現在的自己」來「驗證」

當你在表達溝通時，大家看到的就是現在你的模樣，在眾人前現在這個完整的你，沒想到以前發生過這麼多事情，是什麼力量塑造了今天的你？強大的內心素質根基於何處？過程中，你克服了什麼？

你需要在闡述翻轉的過程裡，把你現在樣子、做什麼樣的工作、現況的你不再害怕的事？積極去面對的事……作為你在闡述經典的一個方式，聽者就會覺得，過去的這些挫折塑造了如今的你，這些缺點聽起來既寶貴又重要，這個缺點就從原本的負能量轉換成了正面力量。當他向別人提起你這個人，你的故事就又被流傳了一遍，一直傳播，於是成了一個經典。

許多賣座的電影都走英雄之路的模式，主角一定都會有一段非常辛苦的過程，一段充滿挫折的歷程，這也是英雄之路的概念，英雄之所以精采好看，贏得票房的原因，就是引領觀眾一路看著主角從失敗中努力，翻轉成功的那一瞬間是最精采的，最終成為英雄。所以千萬不要害怕去說自己的缺點，如果無傷大雅，何妨揭露出來？努力地把自己的缺點變成一個故事，成為別人口中的經典！

22 自我表達：如何表達自己的「憤怒與不滿」？

在職場上，一般而言，不建議把憤怒或不滿的情緒表現出來，但有時候，憤怒和不滿，也是溝通的資源。

好比說，有時候自己如果不展現比較強勢的情緒，對方可能會覺得自己好欺負。所以憤怒不全然是負面的，但是要表達憤怒時，我們得小心如何拿捏取捨？該以何種方使表達憤怒情緒？ＥＱ學有句經典：**情緒沒有對錯，正視你的情緒，但如何表達才有正確與否。**

每個人都有情緒，情緒有很多種表現：悲傷是一種、憤怒是一種，尊重自己的憤怒情緒，然而一旦過度發揮，這樣的表現方式就不合適了。尤其在很多場合，我們可以覺察到自己的情緒，可以選擇如何表達憤怒：

建立「覺察」的習慣

當情緒一湧現的時候，我們最需要的，是透過身體狀態好好來感受一下：當下的情緒是什麼？當你生氣的時候，身體會出現什麼反應？有的人一生氣就臉發脹發紅，有的人是出現胸口悶、肩膀緊的狀態，有的人是眉頭皺成一團笑不出來……每個人面對生氣的身體反應都不一樣，如果你可以經常練習，覺察到自己感到憤怒時，身體會發出的警訊，就等於是在告訴自己，等等要生氣了。

當自己能意識到生氣的情緒即將襲來，你可以有所準備，就不會立刻開口罵人，你會在當下感受那個情緒，感受那個情緒其實就是一個緩衝的時刻，當你接收了自己生氣的情緒當下，你或許更能夠理解，原來此時的你，對於當下的這件事情，是會生氣的。一旦有這個覺察，不管是三秒或十秒，你一旦察覺到了，接收到了，你就有了面對、接收和緩衝的時間，不會直接把那個生氣的情緒直接爆出口，透過內心的接收，就能轉化，然後以適切的方式表達出來。

我們經常看到路邊車禍擦撞，司機先生一下車就劈哩啪啦髒話先罵一頓，這樣的行為很容易引發對方嚴重的憤怒反擊，但是對方如果有覺察的習慣，下車之前也許就已經深呼吸，接收到司機先生正處於一種憤怒的狀態，不會接應司機先生的憤怒言語，反而先看看人是否受傷、看看車子狀況、打電話報警，以一種理性的狀態採取接下來要溝通的內容。

覺察情緒的習慣一旦養成，所有事情將無往不利。尤其是負面情緒，請用身體去感受，身體是緊繃、僵硬的，都是負面情緒的最佳警報器。

釐清你的「目標」

當你已經覺察了憤怒感受，就要馬上釐清，讓我產生憤怒的這件事，原本是要達成什麼樣的目標？**對準目標，才不致於白白憤怒。**

好比說，你原本要和跨部門的同事開口講一個案子，想請他幫忙看個資料，但是他一見到你就說：「我沒空哦，不要找我！」同事立即的拒絕態度讓你感到很生氣，但你覺察到了這個情緒，馬上心底就要釐清目標：「到底還希不希望他協助看這個案子，還是找其他人？」如果你當下就把不滿的情緒回他，那麼事情可能就很僵，甚至愈鬧愈大，如果你目標清楚，還是需要他的幫忙，就會把自己生氣的情緒放一旁，以很好的態度說：「你先忙，沒事。」之後再伺機行動。

說出口前，想好自己到底要什麼？因為只要話說出口，都會出現結果，所以怎麼說很重要，當然，有些事情即使不說出口，也早已知道結果。那麼說與不說，就不那麼重要了。

好比為人父母，常常在教育孩子的時候，不經意就責罵，其實那種責罵跟原本的目標已經沒有什麼關係，不說也可以，還是忍不住說出口了，為親子關係招來烏煙瘴氣！

「回來晚了，讓你擔心了，不好意思。」孩子說。

「誰說你可以進門的？下次鎖門看你還敢不敢這麼晚回家！」母親說。

孩子不高興，用力甩門進房間，家裡開始發生爭吵……

然而，這位母親原本的目標只是希望孩子可以平安回家，孩子都已經平安回到家了，而且很抱歉自己回來晚了讓家人擔心了，為什麼還要責罵他？應該是要理解孩子為什麼這麼晚才到家，是手機沒電了？不通了？還是什麼事情耽擱了？教導孩子下次類似情況發生的處理方式。其實，孩子已經平安回到家了，目的已經達到了，就應該開心迎接他，想清楚自己要的目標是什麼？**只有當目標在面前閃現，我們才會呈現理性的思考，而不會因為無盡的情緒堆疊走錯了方向。**

轉換成「客觀事實」的陳述

為什麼說是把「憤怒」說成「教學」。意思就是，我們要把想要表達的語言，轉換成客觀事實的陳述。

什麼是「客觀事實」？之前提到過，通常我們會產生負面情緒，是因為感受到事情不符合自己的預期，下一步當然會希望可不可以符合預期？所以當我們已經覺察了自己的情緒，也清楚了自己的目標，接下來，就是用客觀事實表達這種情緒，例如：「你剛剛那樣說，會讓我有點小受傷。」「你這樣做，全家人都好擔心！」**你可以表達自己對於事件的負面感受，你覺察到了那個負面情緒，但你可以轉換成客觀的陳述，把憤怒變成是教學，並且放入你的期待，裡面沒有任何批判。**

比如：「你剛剛那樣說，會讓我有點小受傷。因為下周這個客戶會來公司，我想這位客戶的東西剛好你很有研究，所以想請你幫忙看一下這張圖，有沒有弄錯什麼元素……」不要用很主觀的用語去陳述，「你剛剛那樣說，會讓我有點小受傷。我知道你就是討厭我……」或「你剛剛那樣說，會讓我有點小受傷。你是不是想偷懶……」討厭、偷懶都是主觀用語，要用客觀的語言去陳述事情，然後表達出希望對方怎麼做，這就會產生一個良好的正向溝通。

再舉一個例子，好比某位同事把包裹寄丟了，雖然事後找到了，但客戶晚了一週收到，這件事讓你很生氣。首先，你可以用客觀事實陳述自己對於包裹寄丟這件事當下很生氣，幸好找回來了客戶方也處理好了。然而，更期望未來再寄包裹時，雙方可以一起核對資料無誤後再寄出去。**把目標置入，用客觀的事實告訴對方自己的期待，那個期待**

不需要批判，那個期待其實就是一種教學。

這樣的整體溝通，會比直接就教學引導對方怎麼去做好很多。一方面說出了自己的感受，某種程度上表現出自己內心的憤怒與不滿；另一方面以一種對方能接受的方式讓對方同理、理解，繼續願意溝通交流，達成自己期望的最好的結果。

如果只一味發洩自己的憤怒和不滿，以批判的指責方式進行，馬上就會發現：彼此會陷入一種更無法溝通的狀態，這對溝通的情境場域只有反效果，也不會產生任何利基。

23 自我表達：如何把「悲傷」說成「感動」？

悲傷，是人的情緒之一。感動，是瞬間發生的情感。如何把一件悲傷的事，說到最後成了一種感動，這是溝通當中極度絕妙的能力。我們都知道感動有渲染力，當別人在聽到一種悲傷的陳述之餘，如果最後聽到的是一種可能改變的契機，或是一種啟發的過程，就不枉費以悲傷作為起點。**悲傷是引子，感動是結果，這就是悲傷與感動之間經常的搭配。**

以下三種方法，幫你將悲傷化為感動：

學會說出感受

盡量去感受情緒，用「感受性的詞彙」去陳述自己在這件事情當中的悲傷狀態，比如：感到非常無力、覺得很沮喪、相當地痛心、非常憂鬱、很焦慮……善用這些所謂的感受用語，比較能夠闡述自己在低盪事件過程裡的情緒，讓別人感受到自己對這件事情是有情緒的、有情感的、很投入的、很難過的。要讓別人感動前，得先讓別人理解自己的悲傷感受。

盡量情境還原

人們在講一個比較低潮的事件，通常都會有所保留。人都是好面子的，不願提悲傷的事情，只想輕描淡寫一筆帶過。比如某個成功人士提到自己的父親，如果只是不帶情緒地說：「我父親在我很小的時候就過世了，那這件事情對我打擊很大。」就結束了！這樣別人能有感動嗎？沒有。因為講者只用一個很簡潔不帶情感的方式描述，蜻蜓點水了一下。那麼，**該怎麼陳述呢？應該要還原事情的情境，包括：詳細時間？為什麼過世？當時家裡狀況？詳細的人、事、時、地、物，才能讓別人很快的被拉進情境中：**父親平常最喜歡做什麼事？他跟自己之間的連結為何？實際把事情做一個深入說明，透過蛛絲馬跡慢慢堆疊大家對這件事感受，加深對這件事的印象。

找出翻轉點

前述兩點只是闡述悲傷的事件，讓大家堆疊情緒，然而悲傷歸悲傷，我們要的是感動，也就是要讓大家聽完這件事之後，有所觸發，產生某種啟發、感悟或感動。

感動的重點，在於找到故事翻轉的關鍵點。以前述的例子來看，父親過世的事情巨細靡遺攤開來看，理所當然，悲痛難過是再自然不過的事了。但是，（轉折點出現了）某天整理父親房間，竟發現父親留了一封信給自己，放在父親最鍾愛的公事包底部。自己在父親過世一年後才發現這封信，信中父親提到自己小時候參加比賽得獎，許多小事情父親都還記得，父親也寫到很難忘自己剛出生的模樣……句句關愛之情，就是因為這封信，讓原本想放棄的企業家重新振作了起來……。大家聽完後有所啟發，原來這件事不只是情緒，不只是情感失落，就是這個翻轉關鍵，帶來了一個人的思維改變與行動，悲傷化為力量！

大家可以多做這種練習，把悲傷說成感動，這種溝通氛圍的表達力度很強，用於商務說服、公眾演講都能發揮很好的影響力，容易讓人因為感同身受、願意支持進而大大加分。

24 人際關係：如何優雅「拒絕」別人？

在工作和生活中，常常會有想拒絕卻又擔心禮貌不足的時候。說不並不是一件不禮貌的事，重要的是，該如何學習不失禮卻能優雅地拒絕別人。

不懂得如何拒絕會造成溝通傷害，試想：如果無法如期完成主管交辦一定要完成的工作，卻因為自己不懂拒絕、不自量力把事情給承接了下來，到最後所產生的結果，可能就是兩敗俱傷。所以與其給別人錯誤的期待，耽誤了最後的結果，還不如一開始就把事情說清楚，為什麼無法如期完成？需要什麼協助？需要多久時間？把情況說清楚，其實就是一種有禮貌的拒絕。想優雅拒絕別人，可以採用以下三種方法：

先同理對方

在開口拒絕別人前，請先同理對方。對方一定是對你有所期待、有需要，才會開口請求幫忙。如果對方想要借錢，你可以先理解對方缺錢的痛苦，先同理對方目前的處境，給予對方一個溫暖的關懷，讓對方對於開口借錢這個求助不感到難為情或尷尬。

說出自己內心的觸動

還是以借錢這件事為例，要把自己真實的感受告訴對方，讓對方知道很感謝自己得到信任，但無法幫上忙。先肯定對方的行為，讓對方知道自己是和對方站在一起的，雖然無法借錢給對方，但會想法尋求更大的力量。這就是一種優雅的拒絕方式。

有一次某位朋友跟我借錢，他用 LINE 向我開口，我確認了不是詐騙，也知道他創業十分辛苦，一直缺周轉金，我先同理他：「知道你創業很辛苦，一直都很努力，很謝謝你實在是很看得起我，需要幫忙時來找我，這是我的榮幸。」了解了他需要的金額，以及未來需要的協助，我拒絕了他：「我還是認為這件事交給銀行來處理會更好，現階段銀行對你會更有幫助，真不好意思，我只能替你加油。」也許有人會認為，何必講這麼多？用這麼迂迴的方式拒絕？當然，我可以直接拒絕，但如果想要以一種優雅的方式拒絕，我就需要考慮到朋友開口求助時的心情。

每個人在求助的時候，心情一定是很低落沮喪的，這時不妨當個傾聽者，如果把拒絕的話一下說得太快，很輕鬆就下了拒絕令，對方可能會因此受傷或難過，覺得不應該開這個口，不應該跟你求助。

在這個世界上，在家靠父母，出門靠朋友，每一個人都可能有需要別人幫助的時候，總不希望當有一天自己開口求助，別人的對待就像驅蚊蟲一樣。所以，我們應該學習優雅的拒絕，給拒絕一種尊重的態度。

優雅的拒絕，其實也是一種表達關心的溝通，即使沒能真正的幫上忙，還是可以恰如其分的把這份關心帶給對方，期待對方可以真正的把問題解決處理好。優雅的拒絕，

是一種留情、留份的為人處世態度，雖然拒絕了，卻也表達了自己的關心。這份關懷之情，對方一定能有所感受。

25

人際關係：如何跟陌生人「交談」？

人與人陌生，第一是素未謀面，第一次和陌生人見面，難免有距離感、顯得很生疏。另外一種陌生感可能是有見過面、說過話，但是跟對方沒有任何的關聯性，沒有任何交集，不是同學、同事或家人，這樣也會顯得生份、疏離。

接觸陌生人，一般人都會啟動「防禦機制」，主要就是因為彼此不了解。不了解也就無法取得任何資訊，彼此的關係就會顯得十分緊繃，沒辦法很自在。遇到跟自己無關聯的人，或初次見面的人，有陌生感覺時，我們可以怎樣開始，讓對方認識自己？

自我揭露

首先，整理五到十個初層訊息，揭露自我，開始和對方建立關係。

透露自己的姓名、住在哪一個城市？或聊聊自己看到什麼新聞，新聞是很容易切入的話題；或透露喜歡吃的食物是什麼？……這些資訊雖然非常表淺，卻是碰到陌生人時，可以拋出去自我揭露的訊息。一方面保全自己的資料，不用太多和他人深度的自我揭露；另一方面，引燃彼此交流的機會，一旦對方有了你的資料，就會稍稍降低原有的防禦機制，並且願意分享有關於他自己的資訊，雙方有了交流，自然能夠交談下去。

利用環境

利用彼此身處的共同場域。看看兩人所在的四周，放眼可望的事物，從中找話題，例如：這一大片落地窗能看到風景真舒服、今天的餐點不錯、沒想到天氣這麼好、播放的音樂很讓人放鬆……之類的話題，身處在同一個環境裡，共同看到的物件或景象會出現一種共感，在共感的情境下，很自然能生成對話，彼此交流。

找出讚美對方的線索

要能繼續互動，氛圍一定要好。**可以從對方的外表找出可以讚美的線索，讓對方覺得跟你交談是愉快的**。讚美，就是一種愉快的感受，比如：哇！昨天我才看到這個包，沒想到今天你手上就拎著一個；這條領帶非常適合這套西裝……這些外顯的東西，只需**要透過觀察就可以表達出來**，不需要深度研究，當你點出對方的用心之處，對方一定會對你留下好印象。又或者**可以好奇對方身上的東西來打開話題**，比如：這件T恤真好看，是去哪裡買的呢？這雙Nike球鞋很少見，是全球限量嗎？對方要回答你的問題就開始會交談，當然，在講這些話的時候，要帶有讚美的口氣，對方感到舒適自然會回答你的問題。

我們經常會有機會需要跟陌生人交談，尤其是開發陌生客戶，拜訪完全不認識的對象；或者到一個新環境需要有新的社交圈；又或者到國外人生地不熟，需要問當地人一些資訊，都可以借助前述這些方法開啟彼此互動的契機，一段殊勝的因緣就此開啟。

26 人際關係：如何勇敢表現「愛與關懷」？

東方人比較內斂含蓄，對於「愛」比較不擅長說出來。尤其男性，更不會把「我愛你」三個字經常掛在嘴邊。其實不只是男性，有些父母對於孩子也不會明確表達出來，大多數人會覺得愛要具體行動：好好工作賺錢養家、買些家人需要的東西才實際。這些想法我們都可以理解，的確，愛與關懷是一種非常主觀的認定。

有趣的是，人類是一種需要聽到愛與關懷言語的物種。有的時候，不說出來，對方就是不知道，很多事情要說出來，才會讓人安心。雖然這個世界上很多是「眼見為憑」，但如果願意說出來，「言而有信」反而會更確立是一種答應或承諾。

尤其是在親子關係裡，說出愛跟關懷，對孩子更加重要，為什麼？因為孩子就是孩子，孩子不會因為父母付學費供給自己念書、買玩具就覺得那是愛。更多時候，孩子需要父母的關懷、陪伴，或僅僅只是一句「我愛你」。

孩子更相信的是，一句「我愛你」明確的言語表達，可見親密關係並不建立在物質基礎上，延伸到夫妻之間來看，很多人可能會覺得：都已經結婚那麼久了，還需要再說這些話來證明嗎？**其實，說出這些話並非是要證明什麼，更多時候是一種氛圍的暖化。**尤其是夫妻、親子關係有衝突的時候，如果能說出愛與關懷的言語，一下子就能夠讓僵局消失，雙方有所退讓或改變。

職場關係也是如此。我們常常覺得在職場上就事論事就好了，事實上，你和工作夥伴一週有五天相處在辦公室，可能與家人相處的時間都還更多，**愛與關懷的言語交流，不但讓彼此清楚是在同一條船上，也會讓工作氣氛更加溫馨，效率更加提升。**

如何表現愛與關懷呢？

不用主觀批判的言語

什麼叫主觀批判？比如：小朋友感冒了當然會身體不舒服，這時最希望的是家人的關心。如果父母這時說：「不是提醒你不要吃冰？看吧，現在感冒了！」或「衣服穿那麼少，難怪會感冒！」這些主觀的批判語言並沒有辦法讓對方感受愛與關心，反而有落井下石之嫌，即使自己是站在關心的出發點，但對方卻很難感受到。所以，一定要有所覺察與提醒：**關愛的語言裡，沒有主觀批判**。

釐清了這個部分，接下來怎麼做呢？可以**把傾聽與認同的比例，在彼此的對話中占超過二分之一的比重**。例如：「感冒不舒服是嗎？吃個藥，就趕緊去睡覺，晚點再熬清粥給你喝。」

採取非語言表達

有時碰到同事在哭，自己根本不知道發生了什麼事，不知道該講什麼好，沒關係，**先陪伴，讓對方哭，等對方願意講，然後傾聽就可以**。也可以輔佐非語言表達，例如：**拍拍肩、遞上面紙、端杯熱水……**如果是同性之間比較不介意肢體碰觸，不妨抱抱對方，輕輕撫背……這些動作都是親密關懷的非語言表達。

當然，還有一種不用肢體碰觸的認同態度：**點頭或眼神專注**。這樣的態度，即便不說話，對方都能感受到你的溫度。

表達同理應對

有些人很怕說出愛與關心的語言，原因是自己太害羞、太內向。「好愛你」、「好想你」、「給你秀秀」……這樣的表達似乎太赤裸裸。沒有關係，愛與關心的語言並不只有這些讓人難以啟齒的浪漫語言，也可以轉換成感受的狀態詞句，例如：「看到你這樣哭，我也覺得好想哭……」或者「看到你那天這樣被罵，我真的覺得好像是在罵我一樣。」**同感表達會讓對方聽起來有一種溫度，也是一種愛與關懷的表現**。

學習這些方式，多多和你身旁的人表現愛與關懷吧！既然內心關懷別人，為何不表現出來呢？如果有一天真正想要表現出來時，搞不好對方已經離職或來不及了，所以說「愛要及時」，從嘴巴說出的關愛，是最好最快展現愛的方式了。

27 人際關係：如何把「質疑」說成「關心」？

同樣的工作要求，只是因為態度或措辭不同，給人的感受與產生的結果會大大不同。現在來感受一下「質疑」對話：

「你行嗎？」

「這樣做對嗎？」

「你覺得可以嗎？」

大家是否發現，質疑的對話裡隱含許多主觀的批判，也就是感覺到對方能力不行、做的方式不對、這樣是不可以的。但是，「關心」的對話就不一樣了：

「有沒有需要什麼幫忙嗎？我能為你做什麼呢？」
「有沒有需要再確認一下？好像剛剛說的那個地方沒改到？」
「這樣似乎沒錯，但是時間上好像拉很長？」

關心的對話，出發點是因為想要幫忙所以才提問，而不是抱著一種否定的態度。否定會出現「質疑」，而真正想要幫忙的人，會用一種關心的口吻。**「質疑」和「關心」的差別，其實就是在「態度」上。**

大家有沒有發現，關心的話只要多說幾句，對方聽出了話語中的善意，就願意聽從建議。所以，我們應該學習如何把「質疑」說成「關心」。尤其在職場上，我們經常會遇到要檢視、驗收等溝通狀況，當公司要進行KPI（Key Performance Indicators，關鍵績效指標）評估，理所當然會提出質疑，但在質疑的過程裡，容易出現否定與指責，帶來不好的人際關係。公事公辦，在公司還好，工作KPI可以用數字做一個理性探討，但如果換成親密關係呢？夫妻之間、親子關係是沒有數字KPI的，所以語氣上絕對不適合用質疑的口吻，應該保持一種關心的態度。

採用關心的溝通方式，往往也比較能夠讓自己的想法落實。具體有哪些做法？

採用「開放型」問法

開放型的問法可以打開對方心扉，讓對方願意分享內心感受。好比同事昨天應該交專案報告但卻沒交，如果直接問：「為什麼昨天沒有收到你的專案報告？」這又是一種質疑的問法，如何改成關心的問法？應該說：「辛苦你了，本來昨天應該收到你的專案報告，但似乎沒有看到，是遇到什麼困難了嗎？」**用關心的方法去提問，以為對方著想的態度出發，就比較能夠得到對方全面的想法。**

以這個例子來說，如果是質疑態度，對方很可能就冷漠回應：「好，我今天下班前會放在你的桌上。」如果表達關心，對方也願意好好抒發自己的想法：「我本來昨天可以交，但是發現合作廠商有個地方不符合國際標準，所以還在調文件資料證明他們生產的東西符合國際規章……」透過全面抒發，我們可以獲得正確而重要的資訊，而不只是要到一個結果而已。

啟動開放型的提問方式，多聽聽對方感受與內心狀態，以這種分享的方式，可以讓自己知道更多資訊。

採用「加分」問法

加分，就是去進行加疊。好比：「昨天沒來得及交專案報告，如果再給你一個星期能做的出來嗎？如果還是太趕，那你需要多少時間呢？」**用堆加方式去推敲出一個令人滿意的結果。**同樣的方法也可以用在小孩子的教育，「英文六十分對你來講已經很厲害了，那你覺得如果要再進步一點，拿到七十分你會希望怎麼做呢？」加分的問法，也經常用於公司業務：「如果這個月的營業額一百八十萬元太高了，那大家認為，什麼樣的數字是大家可以努力一起達成的呢？」把目標化成一種關心的提問，這樣可以得到廣大協助，而不只是單方面質疑，否則得不到眾人之力。很多時候，目標明確了，就必須釋放關心，讓聽的人願意回應，也感受到是自己願意與對方一起努力。

採用「肯定」的語氣

不管有多少質疑，切記：肯定對方已經完成的事情。有時候，我們會認為對方做的事完全不行，需要破壞才能重建，但不要忘記，在質疑中對方可能已經完成了某部分的事情。好比你請老公去買醬油，他買回來但卻買錯了，如果你說：「怎麼會買錯？」對方聽到心裡當然不高興，這樣就容易發生衝突。這時候不妨先肯定：「辛苦了，謝謝你去買醬油，但是這家的品質不夠好，成分比較多添加物，對身體不健康，我是要另一家沒有任何添加物的牌子，要不要再去幫我換一下？」先肯定，而不是一開始就用質問的方式：「哎，你怎麼會買這一瓶？」

所以在溝通上，態度十分重要。質問的過程，其實是希望對方把事情做到是如自己的預期，但想要達成這樣的一個目的，必須是要對方願意，採用關心的對話，比較能夠讓對方照著你的建議去做，達成自己要的目的。

28 人際關係：如何把「控訴」說成「揭露」？

控訴，其實是在一種衝突的狀況之下所用的表達，去揭露某種人事物的不公平狀況，這種不公平狀況妨礙了自我或某些人的權利。講白一點，控訴有點類似告狀，向某些有力人士或是有權責的單位進行表達，訴說某人或某事妨礙到了自我的權益。

「控訴」是有點危險的事情。首先，需要有利的證據，如果沒有證據就進行控訴，那麼聽起來就只會是批評、謾罵。其次，控訴須顧慮到受眾者的心情。好比職場上的控訴，如果你控訴同仁做事太慢才讓自己進度落後，搞不好會讓總經理會覺得小題大作，心想：「大家不就是在做事嗎？有些人做事方式就是這樣子，身為經營者可以接受，不需要用這麼強烈的方式指責同仁啊……」所以控訴者不見得會讓人覺得滿身正義感，反而常常控訴的人，長官會認為有強烈性人格。

「揭露」就不一樣了，揭露是讓訊息清楚地呈現。這個訊息的呈現是展現事情脈絡，最後產生什麼影響。「揭露」是一種理性的資料傳達。「揭露」其實是一種資訊整理，透過整理之下講出來的話，當然就會偏理性，過濾掉了情緒化的表達，所以也較容易為他人接受。

控訴比較容易造成溝通障礙，所以建議大家如果真的必須維護自己在權利義務上的關係，盡量做到「揭露」陳述就好。「控訴」似乎隱含對人的惡意動機，而「揭露」很清楚就是對事不對人。那麼，到底要怎麼把「控訴」說成「揭露」呢？以下方法可以運用：

第一個揭露的方式：客觀陳述

所謂客觀，就是要做資料整理，不能只是表達感覺，要非常客觀具體地把人事時地物、事件的前後狀態，以及事件的影響結果整理出來，可以用條列式的方式整理，這種方式容易讓他人理解。整理資料其實就是在說服他人，客觀的資料整理是很大的說服力，會讓接收者認為，既然證據已經如此具體清晰，似乎要好好解決。

第二個揭露的方式：避開情緒

人是有很多情緒的動物，人與人之間之所以有衝突產生，都是因為情緒。比如一個很憤怒的人，說出來的語言就會比較急躁、焦慮，轉瞬而出的話語絕對不好聽，不好聽還非理性的，帶著主觀意念去批判對方。請記得：**一旦批判，就變控訴**。

可以試著用感受去分享自己在這件事情上權益受不平的對待：「這件事如此這般，我的感受是非常難過的……」感受的詞句較為真誠、柔和，也能夠讓聽者靜下心理解，對事情產生一種態度。

第三個揭露的方式：目標清楚

揭露一定是有目的，必須要讓對方清楚自己揭露的目的。也就是說，**揭露之後，事情要有一個非常明確的總結。**

比如：跨部門同仁假借出公差拜訪客戶，其實並沒有真正拜訪客戶而是去旅遊，當你發現了這件事，蒐集完整資訊來揭露這件事，理性陳述了這件事，真正的目的，只是希望跨部門同仁可以趕緊拜訪客戶協助自己，而不是嘴巴說說。當你揭露這項資訊的時候，一定要在尾聲說清楚：「我跟總經理說這件事不是希望跨部門同仁被處罰，而是希望跨部門同事盡快支援我們的專案，讓我們可以照進度走下去。」

「控訴」跟「揭露」最大的差別，前者是指責的方式，後者是期望目的達成。大家只要明瞭做事的初發心，自然就能夠在溝通上有良好的調整與應對。

29 職場工作：如何在面試「加強印象度」？

面試其實是一個非常主觀的場合，不管是職場面試、升學面試或晉升面試，甚至是競賽型的面試，基本上就是看評審的主觀喜好。很多人可能會消極地認為，這樣是不是就不用再想怎麼努力了。正好相反，有很多方法可以讓主考官面試你的時候，從感覺模式中，提取對你的印象。想要在面試裡獲得高分，有哪些做法？

讓評審有「難忘」的感覺，找出落差感

什麼叫難忘？就是印象深刻。我有個學生，他在自我介紹裡，提到，自己什麼都不怕，最怕的就是水果，所以他什麼水果都不吃，這件事會讓很多人覺得不可思議、很難

忘記，所以難忘記是一個很重要的關鍵點，會讓人留下深刻的印象。

違反常態會讓人有印象，落差很大也會使人產生印象。好比說，A小姐在學校數學都是零分，但她現在竟然在做財務報表的工作，評審可能就會產生好奇，想多了解她是怎麼做的，讓人出乎想像。

所以，**想要留下深刻印象，得找出你的落差感，有沒有什麼聯想是會讓人很驚訝的**，比如說，報考研究所的女孩看起很年輕，卻跟評審說自己已經是兩個孩子的母親了，這件事的落差感也會很大，能給評審留下深刻的印象。

又或者，可能是一個很帥氣高大的男生，卻喜歡做羊毛氈手工藝，這也會讓評審覺得十分特別，因為反差非常大；或者一個身高只有一百五十公分的女生，竟然是學校的籃球校隊，甚至神射手之稱，還拿到籃球教練執照……這些都是落差極大會讓人留下深刻印象的點。

所以先找到會讓人在聯想上產生的落差感，通常有落差感，就會有感性的情緒出現，當驚訝情緒出現的時候，其實就已經在評審的思維印象中留下了極深刻的印記。

要有獨特的自我揭露資訊

這是我最常跟大家講的，「沒有最好，只有不同。」在這個人人是自媒體的時代，就怕跟別人一樣，對主考官來說，千篇一律的說法與自我介紹，很難留下什麼印象。

在某些領域的面試，譬如電視台，可能大量閱讀、吸收資訊很重要，大多數面試者人也都會提到自己喜歡閱讀的這個興趣，但如果你突然提到自己喜歡運動，會鐵人三項，或者喜歡跳舞，會跳騷沙舞（Salsa Dance，一種強調個性化不受拘束的舞蹈，類似拉丁舞但更保留典雅氣質），這個突然和一般不人的興趣，就會拉出差異感。面試經常是前後對比，前後比較來打分數，如果能比前面的人更特別，分數就會比前面那個人高。

要注意面試的語言是否具象？

很多學生會說，我喜歡閱讀，但是閱讀這個東西很抽象，只是一個行為。這樣說沒辦法讓評審產出更多感覺，如果說：「我很喜歡閱讀，最近喜歡宮部美幸的推理小說《模仿犯》……」或「我很喜歡閱讀心理類的書，像是《被討厭的勇氣》……」直接說出具象名詞，會讓評審在整個面試的過程中加深跟你之間的共鳴感。

面試的時間通常不會太長，甚至有點短，有的面試可能只有給幾分鐘時間，有的面試可能很長，但最多也大概二三十分鐘，**在有限的時間裡，盡量把資訊轉成數字**，讓評審透過數字直接產生連結，會更容易去記憶相關的資訊提供。比如：「因為喜歡閱讀，藏書超過三千冊……」、「英文檢定托益八百八十分……」

數字能夠加深記憶，提升印象來源。以現在的面試趨勢來看，務必要努力去創造讓評審有落差感、能夠產生差異化，然後提供具象、數字化的資訊，讓評審想辦法記得你。

30 職場工作：如何克服簡報時的「緊張」？

做簡報之前，我們有必要先釐清簡報的意義為何，這樣才不會走彎路，讓簡報可以在有效的時間內，發揮最大的效益。

簡報，英文是presentation，簡報是每個工作領域常常需要用到的一種表達的工具，大家有沒有注意到，我說的是「工具」，**我們首先要釐清簡報是講者和聽者的溝通媒介，是一個協助大家在特定時間內，加強每個人印象的一種表達方式**。大多數的簡報場合，重點在於能否清楚呈現資訊，讓聽眾快速理解，達成溝通目的。

因此，我們常常使用ＰＴＴ檔案搭配簡報，或者是用影像的方式來進行簡報的介紹或說明。很多人會以為簡報基本上就是一個大抄，所有投影在電腦或電視螢幕上的內容，只要看著講、照著念就好，如果真是這樣，何必還需要講者費心照念一遍？不如直接印出來發給大家自己看就好了。

簡報是輔助，如何說才是關鍵

有些人做簡報會很緊張，看著簡報比較不緊張。事實上，看簡報可以安心點，反正就是一個大抄，也不用記下來。但是，這種心態往往會被簡報框住、限制住，說出來的內容沒有辦法打動受眾的心，因為總是一直盯著簡報看，根本無法與聽者做眼神交流。

這樣做簡報十分可惜，因為好不容易對方撥出時間願意傾聽，當然得把握這種單方輸送觀念的機會。所以我們要打破一個迷思：**簡報不是大抄，而是輔助資訊的工具**。做簡報時，真正要講的內容，應該深植心中，如果怕忘記，可以寫成小紙卡放手掌心，趁空檔時稍微瞄一下作為提示之用就好。講者如果能對簡報內容熟練，就不容易緊張，也不自覺會在做簡報時散發真誠。

弄清楚簡報的對象，讓自己預先熟悉

做簡報之前，我們甚至應該先知道聽眾的職銜、工作的內容、性別比例等資訊。即使還沒見到他們，也有某種熟悉的掌握度，一旦見了面，很自然而然地就能把對方當成是朋友一樣交談。又或者，**可以試著預先掌握對象的心理狀態**，預先揣測或模擬自己與他們之間的互動，這樣也能減少緊張或焦慮感。

清楚簡報最終要達成的行動

做簡報的人必須很清楚簡報要帶來什麼行動結果？愈清楚簡報目的，就愈不緊張，為什麼？因為即便自己真的都嚇到完全忘記要講什麼內容，**只要把簡報的核心目標講出來，也就是希望大家聽完後做什麼事情，也就完成了做簡報的目的**。清楚簡報的核心宗旨，就是行動呼籲（call to action），這樣的核心目標設定，也會降低緊張感。

此外，**如果能建立自己的角色，也能降低簡報時的緊張。在每一次的簡報裡，假想自己就是演員，要去演一場戲**，這個戲可能時而激情、時而嚴肅、時而理性，時而感性……主要的目的就是說服台下聽簡報的人可以有所行動。演戲一定要入戲，入戲的角色愈深，在台上愈自若。

好比某項專案，你是「專案負責人」。你曾經經手過類似專案長達五年，所以「累積五年豐富經驗」就是你的人設，甚至還可以再延伸出去，「曾擔任專家評審」，以此展現這方面自己是專家。**人設放在簡報場域裡，很容易讓聽眾明確講者的實力與定位。**有人設支撐，緊張感也容易消失，因為聽眾在你出現之前，已經很清楚你是誰，你自己也知道自己是誰，所以不怕講錯或受到挑戰，更何況有輔助資料協助自己。

如果講者能和簡報融合為一體：簡報是自己，自己是簡報，表現的非常到位，即使不是絕對完美，但一定會讓台下的人感到講者的自信、魅力與風采。

31 職場工作：如何把「指責」說成「鼓勵」？

工作需要目標，個人的職場表現需要績效評量，當目標沒達成或個人績效過低，這時溝通交流的言語就可能變成指責。

如果你是一個很不喜歡被人指責的人，那麼，是不是想過，盡量不用批判的方式去對待別人？很多人會認為，如果不責備、不指責，要怎麼達標呢？其實，可以把「指責」說成「鼓勵」。

我們先理解一下「指責」和「鼓勵」的差別：**指責偏向批判，比較負面；而鼓勵偏向加分，比較正面**。所以「指責」和「鼓勵」基本上是天差地遠，如何把它們融合在一起呢？

確認要達成的目標是具象的

目標是否明確很重要，明確的目標才能把眼前可能跌倒的人，一步一步帶往終點線。

職場溝通，很多時候就是對目標績效的要求，**真正的目標是：如何達標？**所以重點從來就不在於指責為何沒達標。所以，如果這次無法達標，找出真正的原因，用鼓勵的話語帶著對方，下一次才衝線成功的可能。

尤其身為主管或團隊領導人，必須確定目標圖像，明確工作的目標在哪裡，有了清楚的目標，言語才不致於流於情緒發洩，而是篤定帶著對方走向目標。

採用加分的說法

「指責」是一種減分的說法，想把指責變成鼓勵，要用加分的說法。

既然是加分的說法，就不會是把一件事情完全破壞然後重建，而是去看已經完成的基底，然後從基底往上搭建，直到達成目標。

假設一位業務這個單月的業績設定的六十萬元，但他只達成二十萬元。指責的減分說法會是：

「你為什麼沒有達成六十萬元，你是怎麼做的？怎麼會只有二十萬元？」

「到底是找什麼樣的客戶啊？客戶都不理你嗎？二十萬元的成績能看嗎？」

加分的說法，會先肯定對方已經做了二十萬元，那麼距離六十萬元只有四十萬元：

「你已經做了二十萬元，我覺得這四十萬元對你來說應該不難，是可以達成的。」

「已經做了二十萬元的成績，再努力一下，看看能否完成剩下來的四十萬元業績。」

「把四十萬元拆解成二十萬元，如何找兩個二十萬元來達成？可不可以提出一些做法？」

「我知道這個二十萬元的過程是很辛苦的，你為了這二十萬元，已經跑了十家客戶。剩下來的四十萬元業績，可能需要再找更多的客戶，或者我們可以從價目表幫客戶提供更優惠的調整。」

這是屬於加分的鼓勵方式。不需要把原先的成績完全否定，要從他原來做的部分，去幫助他如何做得更好。

培養說出團隊優勢的能力

如何肯定他原本完成的部分？可以說出你看到的努力過程。有時候，職場溝通很不喜歡提過程，尤其管理階層會認為：過程有什麼用，結果就是沒有啊？為什麼要講那麼多？他做了什麼很重要嗎？沒達標就沒達標，為何要去理解他做了什麼？

身為主管很重要的一件事是：**激勵團隊，帶領團隊往公司所要的目標前進。當對方還沒有達標的時候，告訴對方你知道他做的努力，會是一種極度肯定的激勵。把自己觀**

察到的部分說出來，比如：知道他拜訪了多少位客戶？常常加班到很晚、業績大多來自新客戶，表示他有開發客戶的能力……給予對方具象而實際的回饋，讓對方知道你一直很肯定他、鼓勵他，他做的事是可取的，這樣對方就會再繼續沿用成功模式去努力。如果一味否定，可能對方一下子就失去了方向，成了無頭蒼蠅不知道如何走下一步，這樣反而離目標愈來愈遠。

職場其實是一個共同的工作場域，大家都是在為企業營運的目標效力，追求目標與利益，所以溝通的真正目的並不是去詆毀，也不是檢討，更不是去破壞一個同事的自信心、摧殘其人格、踐踏其尊嚴。而是，把一個目標性的圖象明確豎立出來，以理性、鼓勵、加分的領導語言，讓同仁從話語中提升自我，達成目標，這樣才是有建設性的溝通交流。

32 職場工作：如何把「否定」說成「建議」？

解決方案，是職場對話裡最重要的一個目的。在溝通的過程中，有時我們為了要快點達到目的，說話疾如風、快如電。講話又直又快沒什麼不對也沒什麼不好，但是如果傷害到別人，結果就不會很好。當我們要給出個人觀點或想法時，不管給出去的是指導、批判或看法，都是為了要：解決問題！

所以，**當一個人想表達否定意見，初心一定要正確：解決方案才是目的，絕對不是為了反對而反對。**有的人對事件總愛發言，總覺得不說點什麼，不給些批判建議或反對意見，似乎就顯不出自己的地位，沒有貢獻。甚至認為，如果不以訓斥的方式、指責的方式來說，似乎就沒有力道。其實，這種心態往往會失去溝通的意義，反而讓溝通流於情緒、類似於發洩，容易讓對方產生誤會，導致彼此不信任。

如果不認同對方的做法、不認同對方的說明，難道得默不吭聲？當然不是。職場的表達是為了要解決問題，可以否定，但是要換種說法，把否定的語言調整成建議的性質，以便達成工作目標，達到績效。

建議的表達方式包含三個內涵：具體、能執行、能夠給予對方正向的感受。符合這三項的條件，才叫做建議。

「具體」表達形成共鳴

如果只是說：「我感覺這樣不對」、「我認為這樣不好」……只憑感覺卻說不出到底哪裡不對、哪裡不好？很難讓對方聚焦到問題的所在，當對方無法找到你的問題點，當然就無法形成共識，沒有辦法知道問題點，當然也不可能解決問題。所以，「具體」很重要，「具體」才不會只流於情緒抒發，「具體」才能夠證明，在這件事情上，你是**站在一個理性的觀點去給予想法和感受，讓對方明白自己真心願意協作的動機。**

提出能「執行」的建議

很多人發言天馬行空，沒有站在事實的基礎上去給予建議。這種建議不叫建議，就只是講講，別人也就只是聽聽，沒有落實的可能。提出建議要能執行，這個執行的條件落在組織規範裡、人力編制裡、計畫的時間內會出現怎麼樣的狀態，這是執行層面上需要進行的評估。

結合「正向」感受

如果只有批評，只有負向說法，對方會收到完全否定：做得不對、做得不好、做得不行，會抹煞一個人繼續努力的意願。在職場工作，沒有一個人是真心想要把事情搞砸的，大家其實真正的初心都是希望能夠把事情做好，所以盡量不要用極度偏狹、極端批判的語言進行對事情的全盤否定。批判語言等於打翻了大家在這件事上努力的前提。我

們應該在已經做得不錯的基礎上，先給予正向回饋，讓對方理解到，這件事情的交流上是有溫度的，不是強硬的態度對決。

帶有溫度的交流，容易讓彼此的關係破冰。破冰之下，互相溝通的意願才會提高，搭建了良好的溝通管道，接下來就是要確立行動目標。因為建議這件事情，說到底就是最後的行動如何？

如果意見交流之後，雙方目標的設定不一樣，依然沒有效果。打個比方，今天A跟B討論一個專案，A認為專案的方向應該是要注重圖文呈現，把圖放大。B認為應該要給予限時低價更好的位置。兩人討論下來，目標不同，行動也不一樣。A做出來的結果是圖放大內文寫得更深度，而B以為對方會把限時低價放得更顯眼。

給予建議之前，首先要對焦「目標」。以前述例子來說，如果A跟B的目標都是：只剩一週，如何讓業績達標？那麼在這一週內，把限時低價的專區放在顯眼位置，或許會比把產品圖放大，卻找不到限時低價區來得更重要。因此，溝通時，先肯定兩邊的專業考量，但要強調業績達標的重要，讓兩人再一起思考，並以互相幫忙的立場來說服。

給予建議的時候，要非常確定自己的人設。這個人設必須是：對方聽了你的建議，

願意接受你的方式去做。要達成這樣的目的，就必須要有人設。「你是誰」是很重要的人設。為什麼要聽你說的話？你的專業角色在哪裡？你在這件事情上的經驗值如何？你在這個專案當中是否有間接、直接的執行經驗？執行結果如何？要讓對方願意跟著你的建議去執行，溝通話語裡就有需要有一些力量，讓對方可以信賴自己，這個信賴會建立在：**你是誰？**

有了人設，又在溝通表達上，讓對方處於一種舒服的狀態，對方有了信賴基礎，就比較願意接受你的意見，而不一味說服對方接受你的想法，說服是一種單向溝通，很難與對方產生連結。

不但自己有人設，很重要的一點，把對方的角色也重新做一個定義。你可以表示自己之所以會這樣建議，是因為肯定對方的能力，賦予對方新的人設，並延伸出更好的人設，唯有好的互動才能持續交流，並幫助自己在工作上暢行無阻。

把「否定」說成「建議」，真正的目的是共同解決問題，讓對方在舒適的狀況下願意接受你的建議，達成目標。

第 5 章

你丟我接的
回話技術

在ＡＩ愈來愈強大的時代中，除了專業工作技能，企圖心、成長心態及團隊意識等軟實力，更是決勝指標。因為真正取代人類的，絕對不是ＡＩ，而是懂ＡＩ的人。善用ＡＩ工具來提升生產力，就能在職場上成為更有價值的人。

以人為本，是人類不變的生存基石，面對面溝通的能力、人文素養、獨立思考及推理能力，是人的強項。

與人交流與解決問題，更是二十一世紀最重要的技能。當ＡＩ發展到極致，能夠凸顯出來的寶貴特質，是獨特的人性，以及面對面互動的溫度。

33 有效傾聽是種溝通超能力

傾聽，是溝通表達當中一個非常重要的行為。說得更具體一點，**傾聽是一個「資訊蒐集」的行為**。你與別人的對話能不能精準對焦？能否達成有效溝通？關鍵就在於你能不能重視資訊的接收與傳遞的過程，這個過程就是：傾聽。

傾聽能夠接收資訊，當你能夠真正聽出別人傳遞給你資訊當中的內容精華，你才能夠精準地給予回應。所以精準的來源或精準的要素，其實就是來自於你的傾聽功力。當**你接收到對方的資訊，要做一個適切的轉化，以同理心去理解，才會有比較理想的回應傳遞給對方**。所以傾聽絕對不是隨便聽聽，傾聽得聽出一些東西，要能聽出哪些東西呢？

要聽出對方的「感受需求」

人對事物的判斷往往來自「感受」。之前我曾提到經濟學經典著作《快思慢想》這本書的核心精神：人的大腦運作其實是感受優先。最有名的例子就是買麵包，會走進麵包店，很多人以為是自己的理性思考，決定了要買麵包才走進麵包店，實際上，從大老遠空氣中飄來的麵包香就已經刺激了大腦下指令去買麵包，而不是看到麵包店門口擺放的廣告「有機製作」、「無麩質」才引發想買麵包的動機，渾然不知最初引發購買動機的，是一種嗅覺感受。

大多時候，我們是被感受促成行動，而我們見到一個人通常也都會有「第一眼印象」，這個第一眼也是一種感受：怎麼無精打采的？看起來好像沒什麼精神？會不會是個不積極的人？……我們會有很多這種先入為主的觀念，這些觀念都來自於個人的主觀感受。

感受，很適合在彼此交流的時候，做為建立共鳴或破冰之用。傾聽時，第一要務就是要聽出對方的感受。感受是極度真實且直接的，透過這種最直接的訊息接收，可以快速與對方建立關係。

好比說：對方講話的語氣有點疲憊，或是對方透露了昨天發生的事情……我們可以馬上分辨出對方目前的感受，是疲累，還是傷心？是生氣，還是煩躁？當我們聽出這些感受，就可以先以軟性的方式互動，降低對方的防禦機制。這種軟著路作法，可以讓對方感到舒服並貼心，最適合用一開始的溝通交流，是一個非常好的破冰方式。

大家想想看，若是兩個素昧平生的人，一坐下來就進行商業談判：聊數字、聊金額、聊效益目標……沒有給對方一點抒發感受的機會，也沒有蒐集對方情報的時間，這樣的談判過程很容易僵硬，結果也很容易見分曉，不是失去控制，就是判斷失誤，氣氛很容易劍拔弩張、結局也極易導入一翻兩瞪眼。**傾聽不過花幾分鐘，聽出對方的感受，以一種軟性方式破冰，降低對方防禦機制，然後再逐漸對焦，這是對自己有利的商業談判技巧。**

要聽出對方的「外顯需求」

什麼是外顯需求？**外顯就是外在的顯現**。好比說，孩子說：「媽媽，我肚子餓了。」先生說：「我今天好累，可以先讓我休息一下？」……這些就是最明顯的外顯需求。外顯表現都已經講這麼明白了，但就是有人聽不出來。

有的人非常自我主義，即便聽到外顯需求，仍會以自我為中心，忽略對方的外顯需求。孩子說：「媽媽，我肚子餓了。」這位媽媽可能現在正在記帳，得等把帳理好了才會想去廚房做飯，於是她便忽略孩子的需求：「那你等一下，我先把這個忙完，我們六點吃飯……」母親其實已經知道孩子的外顯需求，但並沒有要配合孩子的意思，而是希望孩子配合自己，這樣就等於忽略外顯需求。

能聽出外顯需求的人，一定是有同理心的人。比如先生回到家裡說自己很累，想先休息，妻子如果能同理他，即使自己很想說一件事，還是會忍住，先接納先生的外顯需求：「好，那你好好休息一下。」同理了對方，下一步再讓對方配合自己：「熱水放好了，你先洗個澡好好休息一下，一小時後晚餐準備好了，我再叫你，順便有些事想問問你意見。」一個小時後吃飯，妻子就能把想詢問的事情拿出來講。千萬不要忽視外顯需求，因為對方已經提出來了。比如小孩子肚子餓了，忽略外顯需求並不是很好的做法，可以先接納：「我知道你非常餓，但是媽媽還在忙，你先吃一顆蘋果好不好？我們六點就可以吃晚餐了！」

對方有外顯需求，不要迴避，也不應該忽略，先理解接納對方現在的狀況，試著去同理對方，然後再放入自己希望的行為，對方就比較願意配合。

要聽出對方的「痛點需求」

痛點需求，就是對方想要達成的期待或渴望。想要聽出「痛點需求」，唯一的方法**就是必須用心**。有時，客戶不會把事情講得很明白，甚至對自己的需求也只有模糊的概念。這個時候，該如何聽出「痛點需求」呢？

如果發現客戶對自己的需求有些模糊，不妨好好跟客戶做需求分析。**有效的需求分**

析，**就是一種陪伴客戶釐清痛點需求的過程**。如果客戶對需求已經很明確了，可是卻一直拖著沒有下文，那麼可見這個需求對客戶來說，並不迫切需要。一旦知道了客戶對於需求的迫切程度，就可以進一步分析馬上做與延遲做的優劣和影響，強化客戶對需求的迫切性，進一步達成更深的共識。當然，有時客戶遲遲不做決定的原因，只是因為想要得到CP值最高的解決方案，然而現實中這種方案並不存在，這時就要引導客戶面對現實，協助客戶訂出需求的優先順序，幫客戶在有限的資源下，做到可以達成最大化利益的方案。然後，再透過細微的觀察，找出客戶的長期需求或隱性需求，一步步贏得信賴。

想要找出「痛點需求」，勢必要做功課。先去理解對方是什麼樣的公司？商業模式是什麼？事前充分掌握資訊，知道該公司最近有沒有發生什麼特別的新聞或時事狀態？對談時，再透過傾聽，理解對話背後的真正痛點，才能夠進行符合對方需求的對話。

這三種傾聽的方式，提供大家參考。如果可以聽出對方的「痛點需求」，勢必是一位成功的傾聽者。

34 別只聽，要練習適時搭腔不敷衍

搭腔，按理說應該是一種很有禮貌的對話行為，但有時候卻很容易讓人誤以為是在敷衍。為什麼？這跟搭腔所使用的發語詞有關，「喔……」「嗯……」「呃……」這些發語詞乍看之下沒有什麼不對，但是聽起來就有敷衍的感覺。很多人不清楚的是，**發語詞也分「正向型發語詞」和「負向型的發語詞」**。

什麼是「正向型發語詞」？當然語氣聽起來是積極的、有認同感的，比如：「**哇！**」「**耶！**」「**喲！**」**語氣上揚，讓人感覺到肯定、認同、讚賞或鼓勵、激情**，這些就是屬於正向型發語詞。當對方感受到自己所陳述的內容受到肯定的、是有價值的，當然會持續發言下去。

「負向型的發語詞」語調通常是向下，或者非常簡短，「**喔……**」「**嗯……**」「**呃……**」**聽起來悶吭，給予人消極感受**。別小看發語詞，這種語氣其實是一種表態行為，有時候不經意發出來，馬上就會影響彼此之間的溝通氛圍。

搭腔，也是一種提問的方法，引導對方再多說一些，再多透露一些資訊。比如：「啊？」鼓勵對方繼續說下去，這種帶著求知意圖的發語詞，可以提高對話品質。當然，也不能一直光聽不說，照樣會讓人反感，還是要問歇式的你來我往。

我過去有許多拜訪客戶的經驗，我認為在傾聽的過程裡，如果能夠盡量用支持的語彙，比較容易讓對方願意多給自己一些資訊。多提問題，讓對方表現，對方願意多說一些，自己就能獲得更多的情報，也藉此蒐集對方的想法，知道對方的想法，這樣自然更容易聚焦商機。想讓對方多說一些，使用「正向型發語詞」這種支持型的語言很重要。

還有一種搭腔，其實是在「下總結」。好比對方講了一句話：「我們需要二〇％」，你可以把他的話複述一次：「哇！原來二〇％才夠。」重複其實是讓對方明白自己有認真聽，而適度加入發語詞，就等於表態、下結論，讓對方聽出自己內心真正想表達的意思：原本並沒有預期到是二〇％這個數字。

總而言之，搭腔雖然是簡短的發語詞，但還是盡量使用支持型的語彙，這樣才能幫助彼此的對談能夠源源不絕地繼續下去。

35 怎樣抓緊接話時機？

接話能夠起到補充的作用，是回應的體貼及贊同的表現。接話除了是肯定對方講得很好，也可以藉此補充對方可能沒有說完的話，或者緊接著闡述自己的想法……這些都需要抓準時機。該如何抓準接話時機呢？

首先，好好觀察對方。

溝通交流的時候，當對方看著你，你也要看著對方。看著對方可以意識到，這個時候對方是不是講到了一個段落，是不是要結束了這一段話了？如果沒有觀察到對方在語句上的斷點，看著對方，也不會漏掉對方的眼神。有時候對方看著自己，表示差不多了，可以輪到自己講了。好好觀察對方，才能夠意識到對方是不是真的要把話丟給自己，自己是不是接下話題。

我曾經參加過一場大型論壇訪談，現場主持人有點急躁，當來賓正在講話，講到一半的時候，主持人突然插入對話，當時氣氛突然被打斷，來賓是某家上市櫃公司的老闆，他非常生氣，直接痛罵主持人：「你為什麼要打斷我的話？」

接話跟插話的過程，一定要全身心的去觀察。確定對方有做出話語要中斷，或者話語即將結束的時候，才可以適時地接話，不然就會變成打斷別人的話，非常沒禮貌。

當對方語氣上揚，結尾形成問句的感受，會是一個非常適合接話的時機。

很多人問我：「如何判定何時是對的接話時機呢？」如果對方有詢問的態度，尾音上揚了，比如說：「這件事的確很需要大家齊心合力，對嗎？」或「不知道大家認不認同呢？」類似這種上揚的語氣，對方提出問句，等待別人給予回應，就是很好的接話時機點。在這種時間點接話，對方心裡會覺得：「哇！有人回應，太棒了！」有提問、有回應，就是一種良性互動，一種很正面的交流。

如果對方語氣變得零散，略顯沒有把握，也是接話時機點。

舉個例子，你跟總經理出去開會，總經理未必對專案內容裡的數據很熟悉，當總經理說到自己較不熟悉的領域：「至於數據……呃……」讓人聽起來有點坑坑巴巴，這時候你可以跟總經理點個頭，做出自己準備好的態度，很自然地把接過話來：「補充一下總經理剛才提到的數據內容……」此刻主動接話，對總經理來說肯定是一大助力，但是切記，接過來的態度和語氣一定要很謙遜，不能過於激烈，甚至隱含指責，擺出一副別人不懂只有自己懂的態度。

接話是承接對方的語氣，最好的接話是把之前講話者的分量放進話裡：「感謝總經理宏觀的介紹，那接下來就由我來補充總經理剛剛提到的細部內容……」或「接著剛剛的話題，由我來補充總經理提到的數據部分……」接話是有技巧的，需要顧及前者體面的結束，然後以自然的方式銜接，這樣的操作才會讓聽眾毫無違和感，甚至有無縫接軌的流暢感。

最後，提醒大家，**接話必須注重結果，接話的操作主要目的是要對結果有幫助，不是來踢館搞砸事情的**。

接話的時間點，大家可以多練習，其實每天我們都能找到練習接話的機會點。好好透過觀察，抓住接話時機，不僅運用言語，還可以運用非語言的表達，給予對方一些信號，讓彼此的對話既自在又流暢。

36 讓提問成為好回應

提問非常重要，為什麼？大家知道傾聽是一種接收資訊的方式，但在接收資訊的過程中，不可能只是一味地聽，只接受資訊，有時，我們需要在接收的過程裡，給予立刻的反應與回饋，表示自己的認同。那麼，有沒有聽懂？這當中是否有疑義？會不會對方講的是A，你聽到的卻是B？要確定自己聽到的資訊，是否是對方所要傳達的，就可以「提問」。

提問，是最快產生對焦的方式。你們的想法是不是一致？如果這當中沒有用提問的方式做確認，後面真正去落實執行的時候，就會產生誤差。好比如，朋友會跟自己說：「幫我買一罐汽水喔！」在你的認知裡，汽水跟可樂沒差，所以就幫他買了一罐可樂。但是在對方的認知裡，他認為汽水是雪碧、七喜等飲料才叫汽水，而可樂就是可樂。在**對話的過程中，如果沒有用提問的方式再確認，結果就容易產生落差**。

工作場合裡，特別需要用提問來再次確認，更多時候，提問用在人際關係裡，因為許多不確定是來自於自己的主觀解讀，更需要用提問方式彼此做確認。尤其是親密關係或家庭關係，有上下次序關係，晚輩向來只聽不問，好像多問似乎就是質疑，會讓對方不開心，但也就是因為沒有提問，很多的誤會產生，後續引發更多問題。

提問有很多技巧，提問的語氣很重要，語氣對了，並不會造成對方的不愉快：

關心型提問

如果把提問的語氣變成關心的語氣，其實也是一種回話的方式。例如對方今天身體不太舒服，同是A說：「怎麼又不舒服？」或「你幹麼沒事不舒服啊？」這種語氣很主觀，彷彿在暗示：怎麼可以不舒服？沒事喊不舒服？又不舒服是怎樣啊？……這種質疑的提問會引發聽者很多想法，如果轉而採用一種關心的語氣：「你還好嗎？」用一種感受的方式去提問：「有沒有需要我幫什麼忙？」聽者的感受是截然不同的。

鼓勵型提問

還可以把提問變成是一種鼓勵。舉例來說，一位主管交辦下屬工作，想確定下屬是否理解，可以用鼓勵的方式去提問：「你絕對沒有問題的啦！是吧？」用這種正向語氣的提問方式，再度確認對方的態度和意願。如果換成負面質疑，會是：「你……該不會搞砸吧！？」「你不會沒有自信吧！」對方一聽就不開心，也不樂意接受交辦下來的工作。

確認型提問

確認型的提問有兩種問法，第一種問法是用自己以為的答案去提問對方，工作場域中常會有這樣子的情況，例如想要知道對方的交差時間，可以這樣提問：「那個報告是十一月二十五日要交，對嗎？」或「這份合約，一定要在三天內完成對吧？」這樣子的提問會讓對方很快給你回覆，因為有一個明確的時間範圍，雙方可以針對時間範圍討論交流。

第二種是植入期望的結果。如果有一些想法與要求想要讓對方知道，通常也會透過提問，將想法直接植入在提問當知翁：「請問這批貨十一月二十五日交貨方便嗎？」對方會根據十一月二十五日這個時間基準來做對焦，告訴你可以或不可以的原因？這種具體的提問，可以增加溝通效率。

當然，也可以用一種開放式的技巧提問：「為什麼合約要簽三天？兩天可不可以呢？因為接下來是連續假期，一放就是三天。」這種提問其實是希望對方可以直接滿足要求，提出要求時最好帶出原因，讓對方去整體衡量。如果對方不能滿足自己的要求，對方也會提供一個比較完整的原因和做法。**開放式的提問，後面一定要限縮一個很具象的範圍目標，以便增加對話的精準度**。而不只是一句：「為什麼？」沒有範圍、沒有界定，很難讓人聚焦目標。提問時，清楚自己的目標是什麼？目的清楚了，提問就不一樣。

透過提問，我們能獲得真正的答案。想要得到答案，除了用心傾聽、聽出關鍵，提問也能得到答案，並且能確認答案。

37 不冷場，又能好好聊下去

你有冷場焦慮嗎？有些人很怕冷場，好像覺得只要到一個社交場合，甚至是只有兩個人在的場合，都覺得一定要開口說話，才是一個比較正常的應對。如果大家都沒有說話、冷冷的，好像就是一個不好的情況。

我想給大家一個不同的觀點，我自己本身是從事表達性質的工作，我的工作就是要開口說話，而且說話的時間很長，以至於非工作以外的時間，我就會形成一種比較獨特的社交方式，只專注傾聽，因為私底下我需要很大的休息。但因著很多人怕冷場，認為大家聚在一起就是要熱熱鬧鬧，以至於都會找我出來帶點什麼活動，這時我只能表明自己已經下班，現在並不是主持人。

情侶或夫妻之間，如果不講話，就代表感情不好嗎？不見得，我反而非常享受和先生在一起不說話的狀態，安靜陪伴是一種很舒服的狀態。兩個人在一起感覺很舒服，這才是重點，有時候無聲勝有聲，注意聆聽、保持輕鬆流暢的自然對話，彼此有默契才是舒服的相處方式，沒有必要一定要活躍對話熱到不行，講些言不及義的話，這會讓彼此都很辛苦。

當然，一些團體聚會、活動，總是希望現場有多一些的交流，台上台下有很好的互動氣氛，因此會試圖不讓現場氣氛冷卻，**如何不冷場？其實，只要掌握「五感」**。

運用視覺

人們的話題總脫離不了互動的場域。如果今天是在可一家餐廳聚餐，看到了什麼？可以跟在場的人產生共鳴，無形中就產生一些趣味感和認同感。

運用嗅覺

有沒有聞到什麼味道呢？當你說：「我怎麼覺得現場有一種柚子的味道？是有柚子嗎？」現場的味道會讓大家立刻覺醒並有所動作，大家會開始動起來聞聞看。嗅覺是非常敏感的東西，當大家開始很用心去嗅、去聞到某些味道的時候，也是一種話題的展現。

運用味覺

大部分的社交場合都有吃喝，味覺品味到了什麼？也非常容易炒熱話題，好吃或不好吃的討論非常有趣。

運用聽覺

你聽到什麼？現場蒐集到什麼資訊？聽到了什麼第一手消息？閒話、八卦、流言……都是非常有趣的二手傳播資訊，會引起大家爭先恐後地想知道。

運用觸覺

觸覺比較類似於非語言表達，握手就是一種有禮貌的打招呼方式。有些年輕人會拳頭互碰一下，表示好夥伴，這些都是很生動、很鮮活、很熱絡的表達。

想要不冷場，就要善用自己的五感，把自己當成一個重要且不冷場的工具。當然，自己這種外顯能力，並不是刻意發表什麼政治見解、說出什麼名言佳句，或是故意說什麼很厲害的專業術語，而是把五感放在當下，利用現場共同的場域，找出共鳴、共同話題，幫助彼此共融。

除了多運用五感，「自我揭露」也是不冷場的好方法。

有些資訊是你自己可以跟別人交換，然後又不牽涉隱私或喜惡，比如：星座、血型、出生地、就讀的學校、目前的工作……這些都是比較表層的自我揭露，分享起來比較自在，很適合公開，也容易獲得別人相同資訊的分享。

有時和對方聊一聊，突然覺得對方有某個性格很特別，我通常就會問：「請問你是什麼星座？」萬一兩人是同一個星座，場子馬上就熱起來了。就算不是同一個星座，也可以交換彼此對星座的看法。**表層的自我揭露很容易降低彼此的防禦機制，場子當然就不冷清了。**

再者，我們可以從五感延伸到對人事物的仔細觀察。

場子要熱，要很善用現場每一個人表現出來的資訊或資源，例如：某位同學帶了一個很有趣的手機殼，這時我們就可以用他的手機殼作為一個話題。又或者，發現這家店的某個東西與大家過往的記憶有關係，比如店家在門口放了一個冠軍獎盃，同學曾經參加接力賽馬拉松也拿過一個團體冠軍獎盃，這時就就可以拿獎盃作為一個話題。根據五感及所觀察到的事物延伸話題，運用現場的素材讓大家有立刻的共鳴，這樣大家容易對焦，因為在座的人都處在同樣一個場域。**有共通的資訊、共通的話題或共通的畫面，就容易產生共鳴，自然不容易冷場。**

38 結束話題，也是一種技巧

有些人話匣子一打開就沒完沒了，這時就需要去調整對話的效率。好比說明明在趕時間，對方卻一直沒有停下來的意思，如果再繼續聽對方說完，可能就會耽誤了下一個極重要的行程；或者，其實溝通進入了一種爭執的狀態，如果不適切的趕快結束對話，爭執可能愈演愈烈；又或者，是真的不想再繼續聽對方說話，因為完全沒有對焦，聽了也是浪費時間……這時都該有智慧的結束話題。

巧妙的結束話題，能夠確保社交的流暢，又不至於讓場面尷尬。但是，該如何結束話題呢？

表達最大的讚美

善用讚美詞彙作為回饋，這種方式可以讓離開的過程更加順暢，同時保持了對話的正向氛圍。你可以說：「我真的覺得這個想法非常棒，未來多跟你們請教、學習。」或「這件事一定會獲得非常大的收穫，謝謝分享，以後有機會多請益賜教。」給予對方極大的肯定與讚美，可以營造更加自在的交談氣氛，巧妙帶出結束對話。

即便是溝通中有爭執，甚至已經吵得不可開交，得趕快結束或轉換話題，讚美也很適用。你可以說：「我真的覺得你其實已經非常用心了，我都有看到，老實說，我覺得你是一個非常優秀的人。我們彼此多加油！」類似這樣的方式去處理。

當對話出現爭執，的確是需要謹慎處理。盡量保持冷靜、理性，避免激動或攻擊性的言詞，這樣有助於降低緊張氛圍，避免衝突升溫。除了給予極大讚美，還可以試著找出彼此共同的價值觀或一致點，把分歧的風向帶入融合風向，並承認每個人都有不同的觀點，尊重對方的看法，強調多元的重要，這樣就能有助於緩解爭執。如果討論無法解決，也不要引發對立或衝突，先讓氣氛和緩下來，選擇比較中立或輕鬆的主題，避免言語上的激烈交鋒，巧妙地轉換話題，然後表示將來還有機會探討，這樣就能巧妙結束話題。

以禮貌和感激的方式，直接坦率表示對話結束

我自己還蠻喜歡用坦率承認對話結束的方式，就直接跟對方說謝謝，對方也知道大概快要結束對話了。如果會議時間大家都討論得差不多了，我就會說：「真的非常感謝大家，今天會議就到這裡結束。」可能也是因為我經常擔任主持人的關係，很喜歡用感謝來結束一個階段。感謝給人的感受非常好，不但有禮貌，而且對於給予對方正面的反饋。

創造後續的談話機會

結束話題時，提出再延續下次對談，也是一種很好的結束談話方式。意味著對這次對談的態度是積極的，願意在未來繼續討論這個話題或其他主題。提出期待，未來有機會再進行，這樣對方比較能就此打住。

你可以說：「謝謝今天的分享，我們或許下次可以繼續討論，期待未來有更多的交流機會。」這種表達方式顯示出自己的開放態度和對將來交流的期待。也可以具體提出時間：「不如我們下週三再來召開一次會議？大家先回去思考一下怎麼進行？」下週三其實就是一個後續要做的事情，這樣也是一種結束話題的方式。

結束話題基本上有一個重點，就是要讓對方感受舒服。前述這三種方法都有一個重點，就是讓對方感覺結束的很自然，一點都不突兀。舒服地結束對談，是一種完整的收尾，無論今天交流的過程如何，只要把結尾做好，不僅能夠讓對方留下比較好的印象和感受，也為後續的交流創造機會。

結束話題不僅掌握對話效率、控制時間，最關鍵的，是讓對方在結尾的時候，感到舒適，依然保有對自己的好印象。

第 6 章

培養說話的表達韌性

ＡＩ不具備進行創造、構思及戰略規劃的能力。儘管ＡＩ非常擅長針對單一領域的任務進行優化，使目標函數達到最優值，但它無法選擇自己的目標，無法跨領域構思，無法進行創造性的思考，也難以具備那些對人類而言不言自明的常識。

ＡＩ更沒有「同情」、「關愛」之類「感同身受」的感覺，無法在情感方面實現與人類的真正互動，無法給他人帶去關懷。

39 如何充分休息，面對每一次的表達？

其實，我第一次說出自己一直以來都有些內向者的傾向，大概是在三四年前。那時，我遇到一位主修心理學的前輩，我告訴他，從往昔生活的跡象，我認為自己是內向傾向者。學生時期，我每天用都會帶著書出門，我每天都要閱讀，我就是經常一個人閱讀，就連吃飯的時候，我也要邊吃邊看書。我不太喜歡跟別人一起去吃飯，因為不想聊天講話，我喜歡一個人搭車，搭車時也喜歡看書……這位前輩聽我這樣講，很明確地跟我說，我就是一位內向者。

大家都知道我從大學時期就兼職當主持人，至今長達二十五年，畢業後投入的主要行業又都是大眾傳播媒體，不管是平面、數位、網路、廣播、電視，都是些光鮮亮麗、熱鬧吵雜、站在人前的行業別，再加上我又有六年時間都是在教口語表達的策略與技巧，所以當我跟別人說自己其實有點內向，大家都笑了，覺得很詫異，還十分不認同。

而我，的確就是一個內向的人，喜歡一個人獨處、會一個人去旅行、獨自去聽演唱會，自己逛街、一個人看展、看電影。我一個人的時候覺得格外自在且舒服，我甚至有時候會很渴望一個人的這種感覺。

因為工作上必須說話，私下自然就減少了非常多的社交活動，也不太喜歡在人多的場合出現，甚至週末都躲在家裡，很少出門怕人多，我通常都是在週間行動，其實我的本質就是一個內向的人，只是工作專業會讓別人誤認為我很外向。工作所展現的只是我的個人專業態度與敬業行為，事實上我是個內向者。

所以，這裡也跟大家釐清一個觀念：**內向者不見得就不擅長演說，這個可能是一個很大的誤解。表達能力和性格內向或外向，沒有絕對的關係。**比起公開場合演說，內向者可能更傾向於獨自專注在自己本身喜愛的事情。內向者可能更知道自己想要的是什麼，更願意把時間花在與自己相處，並享受其中的樂趣；在表達上，內向者也是比較謹慎，所以會給人一種話不多、可能不擅長表達的印象。但這並不意味著內向者沒有表達天賦。

內向者相較於一般人，可能需要更充分的休息。因為他們更注重內在思考和情感體驗，這使得他們的大腦需要更多的時間進行處理和反思。由於傾向於深入思考，敏感於外部刺激，因此在社交場合中可能更容易感到疲憊，可能是因為內向者習慣不斷調整自己以應對社交期望，在人際交往中保持高度的警覺性，容易讓他們產生一種能量耗損。

所以內向者需要給予自己充分休息的時間，重新充實精神能量。內向者該如何休息呢？

離開手機

第一個最簡單的休息方式就是離開手機，手機會主動推播許多資訊，干擾自己獨自思考的能力。其實無論是誰，都需要一個適當不受干擾的空間讓自己理清自己的思緒，而內向者更需要不受手機影響，好好理解和處理內在感受。

書寫

書寫帶來療癒，而且提供了一個安靜、私密的空間去表達內心感受，滿足了內向者對於深度思考的需求。與其去說、用口頭表達，內向者寧願用書寫的方式，因為書寫需要花時間去構思、推敲精準用字，這更符合了內向者深思熟慮、謹慎、小心的性格特質。

絕對的安靜

絕對的安靜不僅僅是不說話，甚至避免傾聽，也就是讓自己完全處在一個人非常安靜的情境，完全沒有任何干擾。

絕對的安靜，對內向者而言是一種心靈的庇護。當然我們所居住的城市還是會出現很多聲音，比如：汽車喇叭聲、下雨聲、鳥叫聲……這些環境音無傷大雅，**對內向者而言，只要一天當中有十五分鐘的時間可以思考、靜心，保持自己不沒有任何言語，任何**

情緒波動，只是專注在自己身上或喜歡做的事情上，就已經是一種充分的休息了。每個人的絕對安靜定義不一樣，像我自己就很喜歡開車，出去繞一繞，不放任何音樂，不講一句話，就在自己安靜的世界裡，沉浸在其中，偶爾欣賞窗外流動的風景，偶爾感受快速奔馳的感覺。

這三種休息的方式，可以提供給同樣也是是內向者的人一些參考，有內向特質的人可以多試試這些休息的方法，蓄積自己在面對下一次的表達時有充分的力量。

40

自我喊話，克服他人的批評

面對別人的不認同或不夠客觀的批評，內向者也難免陷入負面情緒，甚至感到憂鬱，內向者該如何卸除這些負擔呢？其實，有三種方式可以調節這樣的情況：

回溯榮光時刻，強調自己的價值

我們有必要隨時回溯往昔那一刻很棒的自己。雖然說人要活在當下，往者已矣，但是凡走過必留下痕跡，我們一路走來的累積跟經驗是不可磨滅的。當自己受挫、沮喪、憂傷、有負面傾向的時候，最重要的就是尋找支持系統。**而內向者的支持系統不會是朋友、家人，只會是自己。**這時就可以回溯一下過去的自己，曾經哪些時刻、哪些事情，自己是被肯定、被認同、有成就感的？或者哪一件事情自己覺得自己很棒？利用回溯的光榮時刻自我喊話，給現在的自己一個鼓勵，代表自己依然扎扎實實地活著，扎扎實實地做了一些還不錯的事情，將自己牢牢穩固於內在有價值的光榮基礎上。

勇敢面對值得肯定的事實與現況

人類天生對他人的評價和反應敏感，在人際互動中，難免遇到不客觀的批評與主觀、情緒化的責難，而內向者的自尊和自信往往比一般人容易受到摧殘、成為受害者，導致自己情緒低落、甚至陷入憂鬱。

有時，因為要去面對一件自己從未做過的事，內向者會感到害怕，不知道自己能不能夠勝任，這時，要跳出自我對事情進行合理的評估與適度的分析。比如自己對於明天的提案非常緊張，可以安靜下來分析一下，在這份提案中，有那些部分是自己特別有信心的，即便是自己對數據不熟悉，從數據中撈出一個自己覺得很有說服力的，找出優勢，就能勇敢面對。

當一件事情出現缺點，內向者最重要的事是學會放下，不要將負面的事物深深內化，讓自己愈想愈害怕，愈害怕愈挫折。當然，不是自我麻醉、忽略事實，而是試著去分辨缺失中的事實和情感，尋找其中的真實價值，而不是全盤否定並接受一切的負面情緒。事情當下或許沒有那麼好，只有六十分，但沒關係，就用這個六十分來努力，或許，自己的六十分在別人面前是八十分。又或者，拿著六十分的東西去面對時，別人只給五十分的評價，是有點挫折，但也不要太挫折，因為你已經勇敢面對自己所理解的事實與現況，你只需要感謝五十分的評價，記得自己曾經有過九十分的輝煌，善待自己，找出問題重新調整改善就好。

理性分析

用理性的分析替換掉感性的主觀。好比有人說：「你怎麼這麼笨！這件事都做不好……」理性分析一下：自己真的很笨嗎？自己不可能笨吧……昨天一小時內就完成了三件事，怎麼可能很笨？理性分析能讓自己跳出對方給的框架，內向者要對自我喊話時，要把自己理性分析的那一面呼喊出來，習慣用理性思考，而不是掉入別人感性主觀的想法，自己也用感性的方式舔傷。感性不但不精準，且主觀易流於情緒化，不要因為別人一句情緒化的用語，就激起自己內心的小劇場和大波瀾。請記得：只有自己最清楚自己，用理性分析的方式去看待事情，自然不被情緒牽著走。

總之，自我喊話，其實就是給自己足夠堅強的理由，勇敢面對事實，強化自己的弱勢，以及對自己的不肯定。**內求者必須有辦法從內心深處建立自信，自我喊話所建立出來的自信，會是真正的自信。**

41

強化人設，在競爭環境中反擊

內向者的強化人設很重要，因為內向者比較不會跟別人發生衝突，也不喜歡跟別人有所爭執，但是在這個競爭的環境中，有時遇到不公不義的事情，還是要適切的反擊。

以自己「最棒的核心實力」為人設

以我自己為例，我最大的核心實力就是「溝通表達」，所以這就會是我強大的能力。這樣的一個人設，讓我在很多場合無論大小都能自在面對，即便私底下我很不喜歡與別人聊天，可是一旦我站在舞台上，我就可以擔任主持人的工作，這就是我的無敵人設。

我有個朋友，她的小孩子都是在家自學，也就是說沒有去學校學習，以線上學習為工具，等於她自己就是老師，小孩都是自己教出來的，這就成為她的核心實力，她的人設就是「一個認真教育小孩的媽媽」，理所當然，如果有些家長在教育上遇到一些問題，自然而然會請教她，因為她在自學、教育……這些議題上有獨到的見解，也能回答十分自在。

有了重磅的人設，就能以人設反擊。好比說，公司正在討論明天的簡報該如何進行？大家都要提出建議，但當我以自己的核心實力建議時，就比較容易受到重視。**用自己的核心實力做為人設，當然力道強韌。**

以「具象、理性」的字句表現回應

最無力的反擊就是感覺性的反擊，比如別人對你工作有些批評，認為整個專案計畫太過鬆散，缺乏執行力，如果你的反擊是：「我覺得你這樣很傷害我，讓我心情很不好⋯⋯」或「我覺得你這樣很打擊我們團隊⋯⋯」這些都是無力的反擊，讓人覺得只是情緒抒發。痛點的反擊，必須是具象且理性的，比如：「這個計畫動用了五個人團隊，時間壓在三個月內，這是經過周密思考與團隊共同討論所擬定出來的，確實能穩定執行且達成目標，絕不是一個鬆散狀況，而是一個全面性的規劃⋯⋯」用數字、有架構的方式做反擊，聽起才有力量。要反擊就要挑選反擊的字眼，這樣才會真正使出反擊的力道。

陳述「往昔的做法與經驗」作為有力回應

當別人說：「我們以前都⋯⋯」以前如何之所以會拿出來講，那是因為以前的經驗值被落實了、被驗證了、是有效果的。這些被驗證、有效果的事情，會成為回應的主要力證，成功的前例或不成功的前例都十分容易說服人。當然，我們可以稍加改變一下口氣，不是講成「我們以前都怎樣⋯⋯」，不要引導對方進入「比較」，這會讓人聽起來很不爽。你可以講得稍加正式點：「大約三年前，我們曾經跟那個單位合作過，當時是這樣去做，結果……」以前發生過的事情，可以做為今日的借鏡，以這樣的方式去呈現，會讓人比較願意接受。

人設，其實就是人生的累積。內向者想要優雅的反擊，就先要有強而有力的人設做底氣，然後保持冷靜，避免情緒化的回應，以事實和理性為基礎，舉證過去的例子提出合理的反論，並且強調尊重不同意見的重要性。同時，要用精簡而清晰的語言表達立場，展現你的專業和自信，避免人身攻擊，集中於解構論點，這樣的回應不但優雅、有說服力，且給人一種權威感。

42 心口合一的表達內在，才是真正的自由

「心口合一」在個人發展和人際關係中扮演著關鍵的角色，**當內心的想法、感受與口中的表達保持一致時，我們能夠建立更真實、誠信的形象**，這種價值觀和行為的一致性，有助於個人成長、建立信任、並能促進有效的溝通。

每個公眾人物都會因應其市場需求所設置的個人品牌特色，但我們卻發現這些公眾人物，無論是政治人物、網紅、明星……當私生活表現與公眾形象大不相同而被揭露時，如果是負面的新聞，一下子鐵粉和支持者就直直下滑，人設大崩壞，有些嚴重後果甚至讓當事人整個工作停擺！

所謂的「心口合一」，**在表達當中不只是一個落差與否的觀察指標，同時也是一個非常重要的自我探索跟EQ管理的過程**。大家捫心自問：自己是不是一個心口不一的人？明明對一件事情充滿疑問，卻還是吞忍下去，反而故意假裝褒獎，甚至認為沒有問

題，但是心裡根本就不是這樣想；或者明明對方表現非常很精采，但自己為了要表現某種專業姿態，硬是給對方批評……這些都是心口不一的狀態。

「心口合一」也是一種內在練習，這種練習能夠在表達上展現真正的自由，心裡想的跟嘴上說、外在行動的都是完全符合，這是表達能力真正的功力，也是最高的境界。

身為一位口語表達老師，我自認為我的人生有很多的自由跟自在，我可以明確地說出拒絕而不會讓對方感到不舒服，在拒絕的同時讓對方理解自己之所以拒絕的理由；又或者我會很坦白地說出我的歉意，我的歉意也能夠真正得到對方的體諒；我也可以大方說出我的讚美，完全不擔心我的讚美會被別人聽起來像是在拍馬屁，因為我是完全真誠的；當然我也能自在地說出我的憤怒，因為我的憤怒並非帶著指責，而是要表達我對這件事情的在乎。

「心口合一」讓人活的自在，能夠避免內傷，讓人可以自由自在地把真實想法表達出來，人生會過得自由舒暢。該如何做到「心口合一」的表達內在呢？

習慣使用「轉換語詞」來緩解衝擊語言

有些話如果沒有修飾就表達出來，是很粗暴的。比如太太心血來潮詢問：「今天晚餐做得怎樣，好不好吃？」先生知道太太的廚藝真的不怎麼樣，這時如果很直接地跟他說：「嗯，其實很難吃，你可能要加油……」就很容易變成衝突的來源。那麼，應該如何轉換才好呢？先生應該內心先問問自己，太太做菜的初衷。太太一向做菜不怎麼樣，可是她非常努力，想做一頓好吃的給自己吃。一旦這麼想，先生的話語就會從不滿轉為感謝，為了想繼續鼓勵太太，他會說：「謝謝，辛苦啦！我覺得今天的飯還煮得不錯，就是菜的味道可以再重一點……」或「不一定需要這麼辛苦做菜，重點是能跟你一起吃飯……」這就是緩解衝擊的語言，不用違心之論假裝說：「哇！真的煮得好好吃，下次我還想吃……」之類言不及義的話。

轉換語詞的技巧很多，有標準的 SOP：首先得回歸初心，還原在這個對話的當下，最希望獲得的結果是什麼？這個結果會給對方什麼感受？真正想表達給對方的態度是什麼？把這個初心找出來，就會找到在這件事情上可以真實告訴對方的意見，這個意見會充滿情感、充滿設想，並且不傷害人。

盡量提供「行動」指導

這個意思是說，**希望對方做什麼，直接講出來就好**。以剛才的示範例句，先生其實希望菜的味道可以再重一點，可以直接告訴太太，這樣就有行動指示。這種轉換語彙會讓太太知道她該怎麼做，而不只是只有情感上的抒發和批判。

心口合一的前題是內心和諧。想要內心合諧，就要放掉很多的規條。為什麼我們會心口不一？其實都是因為自己都有很多的規條綁住自己。比如有人會覺得當講師一定要穿套裝、當講師一定要高學歷……如果為了要符合這些規條，把自己硬裝進去，漸漸就會變得裡外不合、心口不一。我自己本身就不是很喜歡穿套裝，可是我當講師，一定得穿套裝嗎？除了套裝，難道沒有其他看起來也很正式的服裝嗎？當內心和諧地關注自我，只要清楚自己想要的是什麼，就能夠放掉規條，達成裡外一致，所以基本上，出發點還是根植於：自己想要什麼！

「誠實揭露」迎來真實回應

因為工作的關係，我經常需要面對很多不同單位的人群，我的學生有來自各行各業的老闆。要在這麼多不同的領域、面對不同性格的老闆，老實說我很自在，沒有任何心虛的感覺，因為我很誠實地揭露自己。

如果我是強裝某種人設與專業，就會有心虛的感覺。我很誠實地揭露自己，讓他們感受到這個誠實的力量，反而更贏得信任，當然，我也贏得他們給我真實的回應。

我向來沒有經紀人，都是自己跟客戶議價，在議價的過程中我會很清楚表明，自己為什麼需要開這個價錢，會付出什麼樣的時間、傳授什麼樣的專業……我會告訴客戶這樣的價格依據可以討論，但服務到達怎麼樣的目標，就一定會需要怎麼樣的價格。這種誠實的揭露，讓客戶清楚我的原則，對方也就不討價還價。

在課堂上，如果我無法回答學生的提問，我也會很老實地說：「這個問題，基本上我不是很清楚，也不是我的專業。」比如很多學生會問我「聲音」的表達問題，我就會說我的專長是在表達策略及表達技巧，也就是要表達的內容是什麼？如何從表達的內容上去做風格擬定？如何用非語言表達，強化人設與風格的設定？我會非常誠實地揭露，當我這麼做的時候，學生才更加充分理解可以從我這裡獲得哪些幫助。**誠實揭露，是心口合一的基礎。**

「心口合一」有助於自我認識，透過正視和表達內心真實的想法和情感，我們更容易了解自己的價值觀和目標。這種內外一致的狀態讓人感到更加自信，也有助於自我實現和成長。當他人感受到你的言行一致時，便更容易相信你的承諾和意圖，所以「心口合一」能建立信任的形象。當我們能夠坦誠地表達內心的感受和需求，與他人進行開放而真實的對話，有助於理解彼此立場，達成更好的共識。以此看來，**「心口合一」不僅促進了合作，還有助於解決衝突和改善溝通，減少了誤解和不必要的矛盾。**

個人品牌與人設在最初界定風格的時候，最好愈趨近於自己本身的真實狀態，如果要特別把不屬於自己的規條跟期待放在自己的人設裡，等到有一天這個不真實被戳破之後，接下來就是要承受人設崩塌的後果。

43 符合高效溝通的三大條件

符合效率的表達，就是「有效溝通」，在職場當中，有效溝通是成功的關鍵之一。

符合效率的表達大概有三種條件：

對方能夠理解

要思考自己陳述出來的話，如何才能讓對方立刻聽懂？對方能立刻理解，就能減少還要去說明或者解釋的時間。要對方能夠理解這件事，建立在清晰的思考。表達前，我們應該對自己想要說的東西有明確的理解與掌握，這樣才能提高溝通的準確性。

效率建立在時間

如果能夠用最短的時間溝通一件事情，效率當然很高。這時就要避免冗贅和模糊的言詞，**盡量使用簡潔而有力的語詞，並且言簡意賅**，注意重點，這樣有助於聽者的專注，確保自己的表達可以直達對方。

表達方式有力度

在說話的過程中，強調主要的觀點，避免枝微末節的陳述。**除了語言，非語言元素也很重要，例如：臉部表情、肢體語言或聲調，都是溝通的一部分。**善用這些元素，可以強化話語，讓溝通有力度。

有效溝通除了讓對方能夠立刻理解、時間短，還要有力度。這樣的效力指標可以從是否促成對方有所行動？或促成事件的成功機率有多少？來評定績效。如果說了很多、很會講，可是對方基本上沒有任何行動力，結果等於零。

有效溝通是雙向的，目標就是要達標，而達標這件事跟效率有關。想要達標，需要客觀陳述。什麼叫客觀陳述？就是不帶批判的表達方式，甚至沒有任何讚美，這也是一種客觀。客觀是主觀的相反，主觀有許多個人的喜惡，對事情懷有偏見，沒有可量化的標準或具象的理解與說明。舉個例子，母親希望孩子趕快吃飯，主觀的表達會是：「還不快點去吃飯，動作怎麼這麼慢……」動作怎麼這麼慢？其實就是一種主觀批判，如果換成客觀的表達會是：「飯已經做好了，要不要最晚五分鐘內趕快坐到餐桌上吃飯？」這裡面沒有任何主觀的好惡與批判，只表達了飯已經做好，最晚五分鐘要上桌。五分鐘其實是一個範圍，小朋友可能習慣拖拖拉拉，就給小朋友一個很具體的時間範圍，最晚五分鐘以內要坐到餐桌上，不帶任何批判，不帶任何讚美，也不帶任何主觀色彩，這就叫做客觀陳述。

客觀陳述其實是一種純粹描述事情，然後化為行動的一種說話方式。客觀陳述為什麼比較能夠達標，因為著重在問題的解決。也就是說，當我們要說話的時候，我們始終要想到自己的最終目標，因為這個目標，我們一切說話的內容就會是促使對方有所行動。這時，如果主觀的批判對於促使行動沒有幫助，自然會被捨棄。

再深度解析前述的例子，母親罵小朋友動作太慢，這樣的詞彙似乎並不是著重在小朋友是否有立刻去吃飯，即便是哄著小朋友，稱讚小朋友很乖，要趕快上桌吃飯的話，都是一種主觀好惡，對小朋友有沒有立刻上桌吃飯並沒有幫助。而客觀的表達，直接下達行動方案，給予五分鐘的時間範圍，幫助小朋友有時間坐在餐桌上好好吃飯，這才能解決問題。**客觀陳述的說話方式不放情緒，重點是要解決問題，所以可以有效達標。**當我們釐清這些點，表達的效率就會提升。

還要注意的是，**我們對於溝通的需求，總是希望被鼓勵或被肯定，所以即便客觀陳述不帶有任何主觀批判，如果聽起來是正面積極的態度，結果也會很好。**

比如孩子的考試成績不是很理想，母親希望他下次考好一點，可以用正向積極的態度、客觀表達的方式對小孩說：「這一次差五分就及格了，下次如果看清楚題目，小心仔細作答，應該可以達成七十分呢！」母親是以一種鼓勵的方式，給予小孩一個願景。這句話裡有行動指示、有目標，有積極的鼓勵。當小孩子接收到這樣的資訊，自然就知道下次要怎麼做（看清楚題目，小心仔細作答），而且也有了目標（七十分），這樣小孩就不會只落在一個聽母親抱怨、發牢騷、責罵的狀況了。

常常用客觀的陳述說話，才能夠讓我們在生活中、在工作中、在親密關係裡，更能夠有效達標，也更符合我們在表達效率上的精神與目的。

44 打造真誠讚美的心理素質，正向看待每個人

大家會發現我在整本書裡常常提到的一個觀念：不要害怕讚美！讚美不是拍馬屁。「拍馬屁」跟「讚美」的差別在哪裡？「拍馬屁」是指與事實差距很大的讚美。跟事實差距很大，已經不是讚美了，而是浮誇的巴結。讚美是要從內心真誠的發言。**讚美能降低對方的防禦機制，給予對方舒服的一種應對與交流感受，更重要的，讚美其實是代表你自己這個人平常看待人的眼光與方式**。

你會發現常常批判別人的人，其實對自己比較嚴格，這樣的人，當然很難給予別人讚美，因為他也不會讚美自己。不會讚美的人，當然生活當中就會產生比較多的抱怨與感嘆！因為處處看不順眼，怎麼會心情好？

所以**懂得讚美的人，其實也是愛自己、會照顧自己的人**。當一個人擁有欣賞之美，在心中興起真誠的讚美，這種人的內心其實深深根植了美好的特質：善於發現他人優

點、善於以溫暖的言詞表達、善於激發別人的潛力。**讚美是一種人性美好的表現，是一種正面積極的力量。**

這世界上沒有一個人是相同的，每一個人都有獨特的地方。有敏感力、體貼的人，可以觀察出每一個人的獨特，給予對方鼓勵，使其展現出自己的獨特優點。

獨特，是讚美的來源之一。

能夠看到別人獨特的地方，在很多領域中會有不同的豐富收穫。好比說你是一個企業經營者，那麼你就必須從團隊的帶領中，看出夥伴獨特的地方，知人善任，活用人力資源，為企業創造更大的價值。

親密關係也是，讚美在親密關係中扮演著情感聯繫的關鍵角色。**如果可以關注在家人獨特的地方，放大這個獨特的地方，而不是緊盯著對方缺點**，去糾正對方要配合自己，透過讚美，讓家人可以從自己這裡獲得肯定，會拉近與家人的心靈距離，而建立更深層次的情感連結。讚美其實就是愛的潤滑劑，為親密關係注入了愉悅、充滿愛意的幸福感。

我們常常講「吸引力法則」，吸引力法則的原理是：你的心態是什麼，就會吸引什麼樣的東西。讚美有助於提升對方的自尊心與安全感，透過正面的評價，對方可以感受到彼此關係的價值，建立更穩固的自我認同，以及更信任的關係。

我最近正在讀《臣服實驗》（*The Surrender Experiment*）這本書，作者麥克・辛格（Michael Singer）原是一位想到森林靜修的經濟學博士，透過臣服的奇妙實驗，他不僅成了上市公司的執行長，也獲得了心靈的平靜與快樂。《臣服實驗》就是他分享四十來年遵行臣服實驗的心得。臣服實驗的規則是：生命將各種人事物帶到我面前，給我修煉和超脫自我的機會；假如自我開始抱怨，或出現負面情緒反應，藉著機會讓自我這個小我離開，完全臣服於生命呈現的一切。作者以正面敞開的態度去面對生命當中隨時而來的挑戰或是際遇。

書中有個硬核道理：**當你正向看待他人的時候，你的人際才會開始**，也就是說，如果你自己的心態是覺得好像每個人都是帶有某些目的，都是因為要達成某些自己的利益才與自己交流，抱持這樣心態去看待別人的人，自然很容易封閉自己，對事物總抱著質疑、挑戰的態度。封閉自己的人，情感會有缺失，心理也會愈來愈抑鬱，愈來愈讓人難以理解，出現孤立感、情感缺失、心理健康等問題。

封閉的人需要自我有認知，願意深入了解自己的行為和情感，透過接納自己、理解自己，建立更積極的自我形象。不妨帶著一種感知：願意多聊一聊、願意在短短的互動中多給對方一些鼓勵、不需要在意對方說的是不是真的、不需要在意對方有什麼利益動機……就單純的珍惜當下相聚的緣分，如此一來，每一次說出的話就像是一扇門，這扇門是心靈之門，這扇門開多大，就是與世界的連結多深。

真誠讚美的心理素質，是一個非常寬闊的世界入口，可以讓你用更大方的方式去看待這世界上獨特的事物、新鮮的事情，就算遇到低潮、挫折的事件，都還是可以從低潮挫折中找出能給予的正面價值。真誠讚美是一把通往心靈深處之門的鑰匙，透過這把鑰匙，我們可以打開一種嶄新的可能，並且能夠更加豐富、深刻地體驗人性的美好。

結語

說話，建立在能力和品格之上

這本書到了尾聲，在此，我要衷心感謝每一位願意為書推薦的貴人、每一位買這本書的讀者，以及為我出版這本書的采實文化，用心使這本書更加完善。寫這本書的初衷是希望能夠分享自己在口語表達這麼多年來的思考與沉澱，幫助大家隨時隨地都有一流的表達能力。

在這個不斷變化的世界中，口語表達是日常活不可或缺的一環。說話，除了有相對應的技巧能夠學習，讓我們在說話上更加便利；有相對運用的策略，讓我們在腦子裡有更全面地思索；有相對明確的目標，讓我們能夠在每一次的表達中更精準。關於說話，我們還應該以更高大尚的視野去看待：

說話，是我們面對世界的「超能力」

很不可思議吧！地球有這麼多生物，真正有說話能力的卻只有人類。因為擁有語言的獨特性，使得人類在世界交流中扮演獨尊的地位，動植物沒有說話能力也始終趕不上人類。說話這個超能力，協助人類完成太多事情，因為說話，人類能表達思想；因為溝通，人類傳遞情感溫度。更重要的，人類不斷地以溝通表達去處理、解決事情，交流資訊。由於語言能力的逐漸發展，人類得以更有效地合作、分享知識並構建複雜社會結構，說話提升、進化了人類文明。

所以，擁有超能力的我們，當然不能濫用這項天賦。就像漫威電影的人物，只要是濫用超能力的，最後都是慘兮兮的反派角色；只要是好好發揮超能力的，最後都是超級無敵大英雄。

如果我們能用最溫柔敦厚的態度來說話表達，肯定會有闊、長、高、深的人生視野。即使一個能力不好的人，只要能透過溫柔敦厚的說話方式進行表達，同樣可以得到非常多的機會與幫助。當然，原本口語表達就不錯的人，如果能用溫柔敦厚的態度說話，勢必能吸引更多的資源挹注進來。

靈活表達，在人際交流中有一定的重要性。**我們可以把語言視為一場輕盈之舞，處處充滿創意與活力。進行表達的時候，我們應該從對方的狀態、場域、事情的目標，隨時調整改變。**語言絕對是即興的，能夠迅速適應不同的情境，展現語言的靈活度，會使彼此的對話生動有趣。所以，說話千萬不要死板，用最靈活的姿態進行表達，我們可以更好地理解並掌握這個多樣、多變的社會。

日本自古以來就很相信語言的力量，他們甚至有「言靈」這種神靈，意思是：每個人都應該非常在意自己講出來的每一句話，因為每一句話都帶著某些力量。我自己教說話表達二十餘年，無論是教職場表達、家人親密關係表達，**我認為真正具有力量的能量與行為，最外顯的就是說話。說話代表著自己與他人互動上一個很外顯的能力，也代表著自己的品格。你會用話語去幫助人，還是傷害人？你願意你的發聲是慈悲，還是利刃？**

讚美，是說話表達最顛峰之美

既然我們已經擁有口語表達的超能力，如果願意把這個超能力淋漓盡致展現，讚美，絕對是最崇高的價值。讚美能夠啟發、凝聚人心，營造積極的氣氛，甚至是一種慈悲。**透過真誠的讚美，人們會有更出色的表現，而你或許會因為這樣的行為，改變別人的命運，或是改變自己的命運。**

如果大家對口語表達有任何疑問，歡迎隨時與我分享，期待未來與大家建立更深入的交流，帶來更豐富的創作。我相信這本書能夠為大家提供有價值的觀點和啟發，讓大家在日常生活中有不同的說話視角與應用，時時營造積極氛圍奇蹟之語，從表達中喜歡自己、實踐自己希望的人生樣貌，並且活出亮麗的自己！

翻轉學 翻轉學系列 130

練出不怕 AI 取代的說話本事

跟著林慧老師的說話私塾，教你開口說出溫度、信任與效率

作　　者　林慧
封面設計　Dinner Illustration
內文排版　黃雅芬
出版二部總編輯　林俊安

出 版 者　采實文化事業股份有限公司
業務發行　張世明・林踏欣・林坤蓉・王貞玉
國際版權　施維真・劉靜茹
印務採購　曾玉霞・莊玉鳳
會計行政　李韶婉・許俽瑀・張婕莛
法律顧問　第一國際法律事務所　余淑杏律師
電子信箱　acme@acmebook.com.tw
采實官網　www.acmebook.com.tw
采實臉書　www.facebook.com/acmebook01

ISBN　978-626-349-656-9
定　價　380 元
初版一刷　2024 年 5 月
劃撥帳號　50148859
劃撥戶名　采實文化事業股份有限公司
104 台北市中山區南京東路二段 95 號 9 樓
電話：(02)2511-9798
傳真：(02)2571-3298

國家圖書館出版品預行編目資料

練出不怕 AI 取代的說話本事：跟著林慧老師的說話私塾，教你開口說出溫度、信任與效率 / 林慧著 . – 台北市：采實文化，2024.5
280 面 ; 14.8×21 公分 . --（翻轉學系列；130）
ISBN 978-626-349-656-9（平裝）
1. CST: 說話藝術 2. CST: 溝通技巧 3. CST: 口語傳播
192.32　113004691

采實出版集團
ACME PUBLISHING GROUP

翻轉學

翻轉學